GRöLS Verlage

„Bücher sind wie Fallschirme. Sie nützen uns nichts, wenn wir sie nicht öffnen."

Gröls Verlag

Redaktionelle Hinweise und Impressum

Das vorliegende Werk wurde zugunsten der Authentizität sehr zurückhaltend bearbeitet. So wurden etwa ursprüngliche Rechtschreibfehler *nicht* systematisch behoben, denn kleine Unvollkommenheiten machen das Buch – wie im Übrigen den Menschen – erst authentisch. Mitunter wurden jedoch zum Beispiel Absätze behutsam neu getrennt, um den Lesefluss zu erleichtern.

Um die Texte zu rekonstruieren, werden antiquarische Bücher von Lesegeräten gescannt und dann durch eine Software lesbar gemacht. Der so entstandene Text wird von Menschen gegengelesen und korrigiert – hierbei treten auch Fehler auf. Wenn Sie ebenfalls antiquarische Texte einreichen möchten, finden Sie weitere Informationen auf www.groels.de

Viel Freude bei der Lektüre wünscht Ihnen das Team des Gröls-Verlags.

Adressen

Verleger: Sophia Gröls, Im Borngrund 26, 61440 Oberursel

Externer Dienstleister für Distribution & Herstellung: BoD, In de Tarpen 42, 22848 Norderstedt

Unsere „Edition | Werke der Weltliteratur“ hat den Anspruch, eine der größten und vollständigsten Sammlungen klassischer Literatur in deutscher Sprache zu sein. Nach und nach versammeln wir hier nicht nur die „üblichen Verdächtigen“ von Goethe bis Schiller, sondern auch Kleinode der vergangenen Jahrhunderte, die – zu Unrecht – drohen, in Vergessenheit zu geraten. Wir kultivieren und kuratieren damit einen der wertvollsten Bereiche der abendländischen Kultur. Kleine Auswahl:

Francis Bacon • Neues Organon • **Balzac** • Glanz und Elend der Kurtisanen • **Joachim H. Campe** • Robinson der Jüngere • **Dante Alighieri** • Die Göttliche Komödie • **Daniel Defoe** • Robinson Crusoe • **Charles Dickens** • Oliver Twist • **Denis Diderot** • Jacques der Fatalist • **Fjodor Dostojewski** • Schuld und Sühne • **Arthur Conan Doyle** • Der Hund von Baskerville • **Marie von Ebner-Eschenbach** • Das Gemeindekind • **Elisabeth von Österreich** • Das Poetische Tagebuch • **Friedrich Engels** • Die Lage der arbeitenden Klasse • **Ludwig Feuerbach** • Das Wesen des Christentums • **Johann G. Fichte** • Reden an die deutsche Nation • **Fitzgerald** • Zärtlich ist die Nacht • **Flaubert** • Madame Bovary • **Gorch Fock** • Seefahrt ist not! • **Theodor Fontane** • Effi Briest • **Robert Musil** • Über die Dummheit • **Edgar Wallace** • Der Frosch mit der Maske • **Jakob Wassermann** • Der Fall Maurizius • **Oscar Wilde** • Das Bildnis des Dorian Grey • **Émile Zola** • Germinal • **Stefan Zweig** • Schachnovelle • **Hugo von Hofmannsthal** • Der Tor und der Tod • **Anton Tschechow** • Ein Heiratsantrag • **Arthur Schnitzler** • Reigen • **Friedrich Schiller** • Kabale und Liebe • **Nicolo Machiavelli** • Der Fürst • **Gotthold E. Lessing** • Nathan der Weise • **Augustinus** • Die Bekenntnisse des heiligen Augustinus • **Marcus Aurelius** • Selbstbetrachtungen • **Charles Baudelaire** • Die Blumen des Bösen • **Harriett Stowe** • Onkel Toms Hütte • **Walter Benjamin** • Deutsche Menschen • **Hugo Bettauer** • Die Stadt ohne Juden • **Lewis Caroll** • *und viele mehr….*

Victor Hugo

Maria Tudor

Übersetzung von Georg Büchner

Inhalt

Personen

Maria, *Königin*
Jane
Gilbert
Fabiano Fabiani
Simon Renard
Joshua Farnaby
Ein Jude
Lord Clinton
Lord Chandos
Lord Montagu
Meister Äneas Dulverton
Lord Gardiner
Ein Kerkermeister

Herren, Pagen, Wachen, Der Henker

London 1553

Erste Handlung

Der Mann aus dem Volke

Personen

Gilbert • Fabiano Fabiani • Simon Renard • Lord Chandos • Lord Clinton • Lord Montague • Joshua Farnaby • Jane • ein Jude

Erster Tag

Das Ufer der Themse. Eine öde Sandfläche. Ein altes verfallenes Geländer verbirgt den Rand des Wassers. Zur Rechten ein Haus von ärmlichem Aussehen. An seiner Ecke ein kleines Madonnabild, zu dessen Fuß eine Lampe in einem eisernen Gitter brennt. Im Hintergrunde, jenseits der Themse, London. Man unterscheidet zwei hohe Gebäude, den Tower und Westminster. – Der Tag geht zu Ende.

Erste Szene

Mehrere Männer stehen in verschiedenen Gruppen auf dem Ufer, unter ihnen Simon Renard; John Bridges, Baron Chandos; Robert Clinton, Baron Clinton; Anthony Brown, Vicomte von Montagu.

Lord Chandos Ihr habt Recht, Mylord. Dieser verdammte Italiener muß die Königin behext haben. Die Königin kann nicht mehr ohne ihn sein. Sie lebt nur in ihm, all ihre Freude ist in ihm, sie hört nur ihn. Wenn ein Tag vergeht, ohne daß sie ihn sieht, so werden ihre Augen so schmachtend, wie zur Zeit, wo sie den Kardinal Polus liebte, wißt Ihr noch?

Simon Renard Sehr verliebt, das ist wahr, und folglich sehr eifersüchtig.

Lord Chandos Der Italiener hat sie behext!

Lord Montagu In der Tat, man sagt, in seinem Lande verstünde man sich auf Tränke für dergleichen.

Lord Clinton Die Spanier verstehen sich auf Gifte, die Einen sterben, und die Italiener auf Gifte, die Einen verliebt machen.

Lord Chandos Dann ist der Fabiani zugleich Spanier und Italiener. Die Königin ist krank und verliebt. Er hat ihr von beiden zu trinken gegeben.

Lord Montagu Aha! in der Tat, ist er Spanier oder Italiener?

Lord Chandos Es scheint ausgemacht, daß er in Italien im Capitanat geboren und in Spanien erzogen worden ist. Er behauptet, er sei mit einem großen spanischen Geschlechte verwandt. Lord Clinton kann das an den Fingern herzählen.

Lord Clinton Ein Abenteurer. Weder ein Spanier, noch weniger ein Engländer, Gott sei Dank. Leute, die keinem Lande angehören, haben kein Erbarmen mit einem Lande, wenn sie mächtig sind!

Lord Montagu Sagtet Ihr nicht, die Königin sei krank, Chandos? Das hindert sie nicht, mit ihrem Günstling guter Dinge zu sein.

Lord Clinton Guter Dinge! Guter Dinge! Während die Königin lacht, weint das Volk und mästet sich der Günstling. Der Mensch säuft Silber und frißt Gold! Die Königin hat ihm die Güter des Lord Talbot, des großen Lord Talbot, gegeben! Die Königin hat ihn zum Grafen von Clanbrassil und Baron von Dinasmonddy gemacht, den Fabiano Fabiani, den Lügner, der sagt, er stamme aus dem spanischen Geschlechte der Peñalver. Er ist Pair von England, wie Ihr, Montagu, wie Ihr, Chandos, wie Stanley, wie Norfolk, wie ich, wie der König! Er trägt das Hosenband, wie der Infant von Portugal, wie der König von Dänemark, wie Thomas Percy, der siebente Graf von Northumberland! Und was für ein Tyrann das ist, der uns von seinem Bette aus Gesetze macht! Nie lag es schwerer über England. Und doch habe ich viel gesehen, ich bin alt! Siebenzig neue Galgen zu Tyburn, die Scheiterhaufen immer Glut und nie Asche, die Axt des Henkers wird jeden Morgen geschliffen und ist schartig jeden Abend. Jeden Tag fällt man einen großen Edlen. Vorgestern Blantyre, gestern Northcurry, heute South-Reppo, morgen Tyrconnel. Die nächste Woche kommt die Reihe an Euch, Chandos, und den nächsten Monat an mich! Mylords! es ist schmachvoll und ruchlos, daß all diese guten englischen Köpfe so zum Zeitvertreibe eines elenden Abenteurers fallen, der nicht einmal aus diesem Lande ist. Es ist ein abscheulicher und unerträglicher Gedanke, daß ein neapolitanischer Günstling so viel Henkerblöcke, als er Lust hat, unter dem Bette dieser Königin hervorziehen kann. Sie sind guter Dinge, sagt Ihr. Bei dem Himmel, das ist schändlich! Ha! sie sind guter Dinge, die Verliebten, während der Kopfabhacker vor ihrer Türe Witwen und Waisen macht. O! in das Klimpern Eurer italienischen Guitarre tönt zu viel Kettengerassel, Frau Königin! Ihr laßt Sänger von der Kapelle zu Avignon kommen, Ihr habt in Eurem Palaste alle Tage Komödien, Schauspiele, Musikanten. Bei Gott, Madame, etwas weniger Lachen bei Euch, wenn's beliebt, und etwas weniger Weinen bei uns. Weniger Gaukler dort, und weniger Henker hier. Weniger Bühnen zu Westminster und weniger Schafotte zu Tyburn.

Lord Montagu Habt Acht! Wir sind getreue Untertanen, Mylord Clinton. Nichts auf die Königin, Alles auf Fabiani.

Simon Renard *legt die Hand auf die Schulter des Lord Clinton*: Geduld!

Lord Clinton Geduld! das könnt Ihr ganz leicht sagen, Herr Simon Renard. Ihr seid Vogt von Amont in der Franche-Comté, Untertan des Kaisers und sein Gesandter zu London. Ihr vertretet hier den Prinzen von Spanien, den zukünftigen Gemahl der Königin. Eure Person ist heilig für den Günstling. Aber wir, das ist was Anders. – Seht, für Euch ist Fabiani der Schäfer, für uns der Metzger.

Die Nacht ist völlig hereingebrochen.

Simon Renard Dieser Mensch ist mir eben so lästig, als Euch. Ihr fürchtet nur für Euer Leben, ich fürchte für mein Ansehen, das ist weit mehr. Ich spreche nicht, ich handle. Ich habe weniger Zorn, als Ihr Mylord, ich habe mehr Haß. Ich werde den Günstling vernichten.

Lord Montagu O! was tun? Ich brüte alle Tage darüber.

Simon Renard Die Günstlinge der Königinnen steigen und fallen nicht am Tage, sondern des Nachts.

Lord Chandos Diese Nacht ist wenigstens sehr finster und häßlich!

Simon Renard Ich finde sie schön für das, was ich tun will.

Lord Chandos Was habt Ihr vor?

Simon Renard Ihr werdet sehen. – Mylord Chandos, die Laune herrscht, wenn ein Weib herrscht. Die Politik ist dann nicht mehr das Werk der Berechnung, sondern des Zufalls. Man kann auf nichts mehr zählen. Das Heute führt nicht logisch das Morgen herbei. Man spielt nicht mehr Schach, man spielt Karten.

Lord Clinton Das ist ganz gut, aber zur Sache. Herr Vogt, wann werdet Ihr uns von dem Günstling befreit haben? Es eilt. Morgen wird Tyrconnel enthauptet.

Simon Renard Tyrconnel wird morgen Abend mit Euch speisen, wenn ich diese Nacht den Mann finde, welchen ich suche.

Lord Clinton Was wollt Ihr damit sagen? Was wird dann aus Fabiani geworden sein?

Simon Renard Habt Ihr gute Augen, Mylord?

Lord Clinton Ja, obgleich ich alt bin und die Nacht finster ist.

Simon Renard Seht Ihr London auf der andern Seite des Wassers?

Lord Clinton Ja, warum?

Simon Renard Seht scharf hin. Man sieht von hier aus den Wirbel und die Sohle der Fortuna jedes Günstlings, Westminster und den Turm von London.

Lord Clinton Und nun?

Simon Renard Wenn Gott mir beisteht, wird ein Mann, der im Augenblicke, wo wir sprechen, noch dort ist *er deutet auf Westminster*, morgen zur nämlichen Stunde da sein. *Er deutet auf den Tower.*

Lord Clinton Möge Gott Euch helfen!

Lord Montagu Das Volk haßt ihn eben so sehr, als wir. Welch Fest wird für London der Tag seines Falles sein!

Lord Chandos Wir sind in Euren Händen, Herr Vogt, verfügt über uns. Was sollen wir tun?

Simon Renard *deutet auf das Haus am Wasser:* Ihr seht doch alle dies Haus da? Es gehört dem Gilbert, einem Arbeiter. Verliert es nicht aus dem Gesicht. Zerstreut Euch mit Euren Leuten, ohne Euch jedoch zu sehr zu entfernen. Vor Allem tut nichts ohne mich.

Lord Chandos Gut.

Alle gehen nach verschiedenen Seiten ab.

Simon Renard *allein:* Ein Mann, wie der, den ich nötig habe, findet sich nicht leicht. *Er geht ab.*

Jane und Gilbert treten auf, sie halten sich umschlungen und gehen nach dem Hause zu. Joshua Farnaby begleitet sie, er ist in einen Mantel gehüllt.

Zweite Szene

Jane, Gilbert, Joshua Farnaby

Joshua Ich verlasse euch hier, meine guten Freunde. Es ist Nacht, ich muß meinen Dienst als Schließer des Londoner Turms tun. Ach, ich bin nicht so frei, wie ihr! Seht, ein Kerkermeister ist nur eine andere Art von einem Gefangenen. Lebe wohl, Jane. Lebe wohl, Gilbert. Du mein Gott, meine Freunde, wie froh bin ich, euch glücklich zu sehen! Aha, Gilbert, wann ist die Hochzeit?

Gilbert In acht Tagen, nicht wahr, Jane?

Joshua Meiner Treu, übermorgen haben wir Weihnachten; das ist der Tag für Wünschen und Schenken, aber ich weiß nicht, was ich euch wünschen soll. Man kann von der Braut nicht mehr Schönheit und von dem Bräutigam nicht mehr Liebe verlangen. Ihr seid glücklich!

Gilbert Guter Joshua! und du, bist du nicht glücklich?

Joshua Weder glücklich, noch unglücklich. Ich habe auf Alles verzichtet. Siehst du, Gilbert? *Er schlägt seinen Mantel halb auseinander und zeigt einen Bund Schlüssel, der an seinem Gürtel hängt.* Gefängnisschlüssel, die einem beständig am Gürtel rasseln, das spricht, das macht Einem alle möglichen philosophischen Gedanken. Wie ich jung war, war ich wie ein Anderer, verliebt einen ganzen Tag, ehrgeizig einen ganzen Monat und ein Narr das ganze Jahr. Meine jungen Jahre fielen so unter König Heinrich den Achten. Ein sonderbarer Mann der König Heinrich. Ein Mann, der seine Weiber wechselte, wie ein Weib seine Röcke. Die erste verstieß er, der zweiten ließ er den Kopf abschlagen, der dritten den Leib aufschneiden, die vierte begnadigte er und jagte sie fort, aber dafür ließ er dann der fünften wieder den Kopf abschneiden. Das ist nicht das Märchen vom Blaubart, was ich Euch da erzähle, schöne Jane, das ist die Geschichte König Heinrich's des Achten. Ich gab mich in der Zeit mit den Religionshändeln ab, ich schlug mich für die eine und für die andere Partei. Es war damals das Beste, was man tun konnte. Es war übrigens eine kitzliche Sache. Es frug sich, ob man für oder wider den Pabst sei. Die Leute des Königs hingen die, welche dafür, und verbrannten die, welche dagegen waren. Die Gleichgültigen, d. h. die, welche weder dafür noch dagegen waren, hing oder verbrannte man, wie's gerade kam. Der Teufel mochte sich da herausziehen. Ja, der Strick – nein, der Scheiterhaufen – weder ja, noch nein, der Strick und der Scheiterhaufen. Ich, der ich mit euch spreche, habe oft genug nach Braten gerochen und weiß nicht genau, ob ich zwei- oder dreimal bin wieder abgeschnitten worden. Das war eine schöne Zeit. Ohngefähr wie jetzt. Ja, ich schlug mich für Alles. Hole mich der Teufel, wenn ich noch weiß, für wen und für was ich mich geschlagen habe. Wenn man mir wieder vom Meister Luther und vom Pabst Paul dem Dritten spricht, so zucke ich die Achseln. Siehst du, Gilbert, wenn man graue Haare hat, muß man nicht mehr nach den Meinungen sehen, für die man sich geschlagen, und nach den Weibern, denen man den Hof im zwanzigsten Jahre gemacht hat. Weiber und Meinungen sehen dann gar häßlich, gar alt, gar hinfällig, gar zahnlückig, gar runzlig, gar dumm aus. Das ist meine Geschichte! Jetzt habe ich mich von den Geschäften zurückgezogen. Ich bin weder Soldat des Königs, noch Soldat des Pabstes, ich bin Schließer des Turmes von London. Ich schlage mich für

Niemand mehr und schließe hinter Jedermann zu. Ich bin Schließer und bin alt; ich stehe mit dem einen Fuße im Kerker und mit dem andern in der Grube. Ich lese die Scherben alter Minister und alter Günstlinge auf, die bei der Königin zerbrochen werden. Das ist sehr unterhaltend. Und dann habe ich ein kleines Kind, das ich liebe, und dann euch beide, die ich auch liebe, und bin glücklich, wenn ihr glücklich seid.

Gilbert Dann sei glücklich, Joshua! Nicht wahr, Jane?

Joshua Ich, ich kann nichts für dein Glück tun, aber Jane Alles; du liebst sie! Ich werde dir nie in meinem Leben einen Dienst tun. Du bist glücklicher Weise kein so vornehmer Herr, daß du jemals den Schlüsselträger des Londoner Turms nötig haben solltest. Jane wird meine Schuld mit der ihrigen abtragen; denn sie und ich verdanken dir Alles. Jane war ein armes Kind, eine verlassene Waise; du hast sie aufgenommen und erzogen. Ich, ich war nahe daran, an einem schönen Abend in der Themse zu ertrinken; du hast mich aus dem Wasser gezogen.

Gilbert Zu was immer davon sprechen, Joshua?

Joshua Nur um dir zu sagen, daß es unsere Pflicht ist, dich zu lieben; ich, wie ein Bruder, Jane . . . nicht wie eine Schwester.

Jane Nein, wie ein Weib. Ich verstehe Euch, Joshua. *Sie verfällt wieder in ihr Träumen.*

Gilbert *leise zu Joshua:* Betrachte sie, Joshua! Ist sie nicht schön und reizend? wäre sie nicht eines Königs würdig? Wenn du wüßtest! Du kannst dir nicht vorstellen, wie ich sie liebe!

Joshua Nimm dich in Acht, das ist unklug; ein Weib, das liebt sich nicht so; ein Kind, meinetwegen!

Gilbert Was willst du sagen?

Joshua Nichts. – Ich werde in acht Tagen bei eurer Hochzeit sein. Ich hoffe, daß mir dann die Staatsgeschäfte ein wenig Ruhe lassen und daß Alles vorbei sein wird.

Gilbert Wie? Was soll vorbei sein?

Joshua Ah, du kümmerst dich um diese Sachen nicht, Gilbert. Du bist verliebt. Du bist aus dem Volke. Was kümmern dich die Ränke da oben, dich, der du unten glücklich bist? Doch, weil du mich fragst, will ich dir sagen, daß man hofft, in acht Tagen von heute an, in vierundzwanzig Stunden vielleicht, werde Fabiano Fabiani bei der Königin durch einen Andern ersetzt sein.

Gilbert Wer ist der Fabiano Fabiani?

Joshua Er ist der Geliebte der Königin, ein sehr mächtiger und sehr liebenswürdiger Günstling, ein Günstling, der einem Menschen, welcher ihm mißfällt, den Kopf in weniger Zeit abschlagen läßt, als ein holländischer Bürgermeister braucht, um einen Löffel Suppe zu essen; der beste Günstling, den der Henker des Londoner Turms seit zehn Jahren hatte. Denn du weißt, daß der Henker für den Kopf eines großen Herrn zehn Silbergulden und zuweilen das Doppelte erhält, wenn der Kopf recht wichtig ist. Man wünscht sehr den Sturz dieses Fabiani. – Es ist wahr, bei meinem Dienste im Turm höre ich nur Leute von sehr übler Laune, Unzufriedene, denen man in einem Monat den Kopf abschlagen wird, auf seine Kosten Anmerkungen machen.

Gilbert Mögen die Wölfe sich unter einander zerreißen! Was kümmert uns die Königin und der Günstling der Königin? Nicht wahr, Jane?

Joshua O, es gibt eine gewaltige Verschwörung gegen Fabiani! Er hat von Glück zu sagen, wenn er sich herauszieht. Es sollte mich nicht wundern, wenn heute Nacht irgend ein Schlag geschähe. Ich sah den Meister Simon Renard ganz in Gedanken da herum schleichen.

Gilbert Wer ist der Meister Simon Renard?

Joshua Wie, das weißt du nicht? Er ist der rechte Arm des Kaisers zu London. Die Königin soll den Prinzen von Spanien, dessen Gesandter Simon Renard ist, heiraten. Die Königin haßt diesen Simon Renard; aber sie fürchtet ihn und vermag nichts gegen ihn. Er hat schon zwei bis drei Günstlinge vernichtet. Das ist so sein Instinkt. Er säubert den Palast von Zeit zu Zeit. Ein feiner und sehr boshafter Mann, der alles weiß, was vorgeht, und immer zwei oder drei Stockwerke tief unter alle Ereignisse gräbt. Was den Lord Paget betrifft – hast du mich nicht auch gefragt, wer der Lord Paget sei? – das ist ein pfiffiger Edelmann, der unter Heinrich dem Achten zu tun hatte. Er ist Mitglied des geheimen Rats. Er hat ein Ansehen, daß die andern Minister vor ihm den Atem verlieren, den Kanzler »Mylord Gardiner« ausgenommen, der hat einen Abscheu vor ihm. Ein heftiger Mann, der Gardiner und von sehr gutem Herkommen. Paget ist nichts. Der Sohn eines Seifensieders. Er soll zum Baron Paget von Beaudesert in Stafford ernannt werden.

Gilbert Wie er das Alles so geläufig herzählt, der Joshua!

Joshua Bei Gott, wenn man so die Staatsgefangenen schwätzen hört.

Simon Renard erscheint im Hintergrund der Bühne.

Siehst du, Gilbert, der Mann, welcher am besten die Geschichte dieser Zeit kennt, ist der Kerkermeister vom Londoner Turm.

Simon Renard *welcher die letzten Worte gehört hat, aus dem Hintergrund der Bühne:* Ihr irrt Euch, mein Freund, es ist der Henker.

Joshua *leise zu Gilbert und Jane:* Treten wir ein wenig zurück.

Simon Renard entfernt sich langsam. – Nachdem Simon Renard verschwunden ist:

Das ist gerade Meister Simon Renard.

Gilbert Alle diese Leute, welche um mein Haus herumschleichen, mißfallen mir.

Joshua Zum Teufel, was will er hier? Ich will schnell zurück; ich glaube er sorgt mir für Arbeit. Lebe wohl, Gilbert. Lebt wohl, schöne Jane. – Und doch kannte ich Euch, wie Ihr nicht größer waret, als so!

Gilbert Lebe wohl, Joshua. – Doch sprich, was verbirgst du da unter deinem Mantel?

Joshua Ach! Ich habe auch meinen Anschlag.

Gilbert Welchen Anschlag?

Joshua Wie ihr Verliebten Alles vergeßt! Ich sagte euch eben, daß wir übermorgen den Tag der Angebinde und Geschenke haben. Die Herren denken auf eine Überraschung für Fabiani, ich, ich denke ebenfalls auf eine. Die Königin wird sich vielleicht einen ganz neuen Günstling anschaffen. Ich, ich schaffe meinem Kinde eine Puppe an. *Er zieht eine Puppe unter seinem Mantel hervor.* Auch ganz neu. Wir wollen sehen, wer von Beiden sein Spielzeug am schnellsten zerbricht. – Gott behüte euch, meine Kinder!

Gilbert Auf Wiedersehen, Joshua!

Joshua entfernt sich. Gilbert nimmt die Hand von Jane und küßt sie leidenschaftlich.

Joshua *im Hintergrund der Bühne:* Oh! wie groß die Vorsehung ist! Sie gibt jedem sein Spielzeug, die Puppe dem Kind, das Kind dem Mann, den Mann dem Weib und das Weib dem Teufel! *Er geht ab.*

Dritte Szene

Gilbert, Jane

Gilbert Ich muß dich jetzt auch verlassen. Lebe wohl, Jane, gute Nacht!

Jane Ihr geht heute Abend nicht mit mir heim, Gilbert?

Gilbert Ich kann nicht. Du weißt, ich habe dir es schon gesagt, Jane, ich habe in meiner Werkstatt heute Nacht eine Arbeit fertig zu machen. Ich muß einen Dolchgriff, ich weiß nicht für was für einen Lord Clanbrassil ziselieren; ich kenne ihn nicht, er hat es heute morgen bei mir bestellen lassen.

Jane Gute Nacht dann, Gilbert. Auf Morgen.

Gilbert Nein, Jane, noch einen Augenblick. O mein Gott! wie schwer es mir fällt, mich nur wenige Stunden von dir zu trennen! Es ist wohl wahr, daß du mein Leben und meine Freude bist; und doch muß ich arbeiten, wir sind so arm! Ich mag nicht hineingehen, denn ich würde bleiben, und doch kann ich nicht weg; wie schwach ich bin! Komm, wir wollen uns ein wenig vor die Türe setzen, da, auf die Bank; ich meine, es müßte mir so leichter fallen wieder wegzugehen, als wenn ich erst in das Haus oder gar in dein Zimmer ginge. Gib mir deine Hand. *Er setzt sich und nimmt ihre beiden Hände in die seinigen, sie bleibt vor ihm stehen.* Jane, liebst du mich?

Jane O, ich verdanke Euch Alles! Ich weiß es, obgleich Ihr mir es lange verborgen habt. Ganz klein, fast noch in der Wiege, wurde ich von meinen Eltern verlassen; Ihr habt mich aufgenommen, seit sechzehn Jahren hat Euer Arm wie der eines Vaters für mich gearbeitet. Eure Augen haben wie die einer Mutter über mich gewacht. Mein Gott, was wäre ich ohne Euch? Ihr habt mir Alles gegeben, was ich habe; Ihr habt mich zu Allem gemacht, was ich bin.

Gilbert Jane, liebst du mich?

Jane Wie Ihr Euch aufopfert, Gilbert! Ihr arbeitet Tag und Nacht für mich, Ihr versengt Euch die Augen, Ihr tötet Euch. Seht, heute bringt Ihr wieder die Nacht so hin. Und nie ein Vorwurf, nie ein hartes Wort. Ihr seid so arm, und doch – selbst meine geringsten Launen schont und befriedigt Ihr. Gilbert, ich denke nur an Euch, die Tränen in den Augen. Ihr hattet manchmal kein Brot, und mir fehlte es nie an Bändern.

Gilbert Jane, liebst du mich?

Jane Gilbert, ich möchte Eure Füße küssen.

Gilbert Liebst du mich? Liebst du mich? O! all das sagt mir nicht, daß du mich liebst; dies Wort da habe ich nötig! Dankbarkeit, immer Dankbarkeit! O! ich trete die Dankbarkeit mit Füßen! Ich will Liebe, oder nichts! – Sterben! – Jane, seit sechzehn Jahren bist du meine Tochter, du wirst jetzt mein Weib werden. Ich hatte dich angenommen, ich will dich heiraten. In acht Tagen! Du weißt, du hast es mir versprochen, du hast es eingewilligt, du bist meine Braut. O! du liebtest mich, als du mir das versprachst. O Jane! es gab eine Zeit, denkt dir es noch, wo du deine schönen Augen zum Himmel aufschlugst und zu mir sagtest: ich liebe dich! So möchte ich dich immer haben. Seit einigen Monaten ist es mir, als wäre etwas in dir anders geworden, seit drei Wochen besonders, wo meine Arbeit mich zwingt, manchmal des Nachts abwesend zu sein. O Jane! ich will, daß du mich liebst. Ich bin daran gewöhnt. Du warst sonst so froh, und jetzt bist du immer traurig und zerstreut, nicht kalt, armes Kind, du tust dein Möglichstes, um es nicht zu sein; aber ich fühle wohl, daß die Worte der Liebe dir nicht mehr so frei und von selbst kommen, wie sonst. Was hast du? Liebst du mich nicht mehr? Gewiß, ich bin ein braver Mann, ein guter Arbeiter, ja, ja, aber ich möchte ein Dieb und ein Mörder sein und von dir geliebt werden! – Jane, wenn du wüßtest, wie ich dich liebe!

Jane Ich weiß es, Gilbert, und weine –

Gilbert Vor Freude! Nicht wahr? Sage mir, daß du vor Freude weinst. O! ich muß es glauben. Es gibt ja sonst nichts auf der Welt, als geliebt zu werden. Ich bin nichts, als ein armer Handwerksmann, aber meine Jane muß mich lieben. Was sprichst du mir immer von dem, was ich getan habe? Nur ein Wort der Liebe von dir, Jane, und ich bin dein Schuldner. Ich will verdammt sein und ein Verbrechen begehen, wenn du es wolltest. Du wirst mein Weib, nicht wahr, und du liebst mich? Siehst du, Jane, für einen Blick von dir gäbe ich all meine Arbeit und Mühe, für ein Lächeln mein Leben, für einen Kuß meine Seele!

Jane Was Ihr ein edles Herz habt, Gilbert!

Gilbert Höre, Jane! Lache, wenn du willst, ich bin ein Narr, ich bin eifersüchtig! Das ist einmal so. Kränke dich nicht darum. Seit einiger Zeit kommt es mir vor, als sähe ich die jungen Herrn da herumstreichen. Weißt du auch, Jane, daß ich vierunddreißig Jahre habe? Welch Unglück für einen armseligen, linkischen und schlecht gekleideten Arbeiter, wie ich, ein schönes, reizendes Kind von siebzehn Jahren zu lieben, das die jungen, schönen, vergoldeten und verbrämten Edelleute anzieht, wie ein Licht die Schmetterlinge! O, ich leide! Ich beleidige dich nie in meinen Gedanken, dich, die du so gut, so rein bist, deren Stirne nie, als von meinen Lippen, berührt worden ist! Ich finde nur, daß es dir zu viel Freude macht, die Aufzüge und das Gefolge der Königin vorbeiziehen und alle die schönen Kleider von Seide und Sammet zu sehen, worunter es so wenig Herzen und so wenig Seelen gibt! Verzeihe mir! – Mein Gott! warum kommen doch so viele junge Edelleute hierher? Warum bin ich nicht jung, schön, edel und reich? Gilbert, Arbeiter, das ist Alles. Sie,

Lord Chandos, Lord Gerard Fitz-Gerard, der Graf von Arundel, der Herzog von Norfolk, o wie ich sie hasse! Ich bringe mein Leben hin, indem ich ihnen Degengriffe meisele, deren Klingen ich ihnen durch den Leib rennen möchte.

Jane Gilbert! . . .

Gilbert Vergib, Jane. Nicht wahr, die Liebe macht Einen sehr böse.

Jane Nein, sehr gut. – Ihr seid gut, Gilbert.

Gilbert O wie ich dich liebe! Jeden Tag mehr. Ich möchte für dich sterben. Liebe mich, oder liebe mich nicht, es ist in deiner Hand. Ich bin ein Narr. Verzeihe mir, was ich gesagt habe. Es ist spät, ich muß dich verlassen. Lebe wohl. Mein Gott, wie traurig es ist dich zu verlassen! Gehe hinein. Hast du deinen Schlüssel nicht?

Jane Nein, ich weiß seit einigen Tagen nicht, wo er hingekommen ist.

Gilbert Da ist der meinige. – Auf Morgen, Morgen. – Jane, vergiß nicht: noch heute dein Vater, in acht Tagen dein Gemahl. *Er küßt sie auf die Stirne und geht.*

Jane *allein:* Mein Gemahl! O nein, ich werde dies Verbrechen nicht begehen. Armer Gilbert, er liebt mich – und der Andere! . . . wenn mich nur die Eitelkeit nicht um die Liebe betrogen hat! Ich Arme, in wessen Hände bin ich jetzt? O, ich bin sehr undankbar und schuldbeladen! Ich höre Tritte; schnell zurück. *Sie tritt in das Haus.*

Vierte Szene

Gilbert. Ein Mann, *der in einen Mantel gehüllt ist und eine gelbe Mütze trägt. Der Mann hält Gilbert bei der Hand.*

Gilbert Ja, ich erkenne dich, du bist der Betteljude, welcher seit einigen Tagen um dies Haus schleicht. Was willst du von mir? Warum hast du mich bei der Hand gefaßt und hierher geführt?

Der Mann Was ich Euch zu sagen habe, kann ich nur hier sagen.

Gilbert Nun! was ist es denn? Sprich, rasch.

Der Mann Hört, junger Mann. – Es sind jetzt sechzehn Jahre seit der Nacht, wo Lord Talbot, Graf von Waterford, wegen Papismus und Hochverrates bei Fackelschein enthauptet wurde, und die Soldaten des Königs Heinrich des Achten seine Anhänger in London in Stücke hieben. Man schoß die ganze Nacht in den Straßen auf einander. In dieser Nacht nun arbeitete in seiner Bude ein junger Arbeiter, der weit mehr mit seiner Arbeit, als mit dem Kampfe beschäftigt war. Es war die erste Bude am Anfang der Londoner Brücke. Eine niedrige Türe zur Rechten, Spuren von alter, roter Malerei auf der Mauer. Es mochte zwei Uhr des Morgens sein. Man schlug sich in der Nähe. Die Kugeln flogen pfeifend über die Themse. Plötzlich wurde an die Türe der Bude geklopft, durch welche die Lampe des Arbeiters einen schwachen Lichtschimmer warf. Der Arbeiter öffnete. Ein Mann, den er nicht kannte, trat ein. Dieser Mann trug in seinen Armen ein Kind, noch in den Windeln, das sehr erschrocken war und weinte. Der Mann legte das Kind auf den Tisch und sagte: da ist ein Geschöpf, das weder Vater noch Mutter mehr hat. Dann ging er langsam weg und schlug die Türe hinter sich zu. Gilbert, der Arbeiter, hatte selbst weder Vater noch Mutter. Der Arbeiter nahm das Kind, die Waise adoptierte die Waise. Er nahm es, er wachte über es, er kleidete, er ernährte, er hütete, er erzog, er liebte es. Er widmete sich ganz diesem armen kleinen Geschöpf, das der Bürgerkrieg in seine Bude geworfen hatte. Er vergaß Alles für es, seine Jugend, seine Liebeshändel, sein Vergnügen; er machte aus diesem

Kinde den einzigen Gegenstand seiner Arbeit, seiner Neigung, seines Lebens, und jetzt sind es sechzehn Jahre, daß das so fortgeht. Gilbert, der Arbeiter wart Ihr; das Kind . . .

Gilbert War Jane. Alles, was du da sagst, ist wahr; aber was willst du damit?

Der Mann Ich vergaß dir zu sagen, daß an die Windeln des Kindes ein Papier mit einer Nadel geheftet war, worauf die Worte standen: Habt Erbarmen mit Jane.

Gilbert Das war mit Blut geschrieben. Ich habe das Papier aufgehoben und trage es immer bei mir. Aber du spannst mich auf die Folter. Was willst du damit? Sprich!

Der Mann Das. – Ihr seht, ich kenne Eure Geschichten. Gilbert! Wacht diese Nacht über Euer Haus.

Gilbert Was willst du?

Der Mann Kein Wort mehr. Geht nicht an Eure Arbeit. Bleibt in der Nähe dieses Hauses. Wacht. Ich bin weder Euer Freund, noch Euer Feind, es ist ein Rat, den ich Euch gebe. Für jetzt verlaßt mich, um Euch nicht selbst zu schaden. Geht nach der Seite da und kommt, wenn Ihr mich um Hülfe rufen hört.

Gilbert Was bedeutet das? *Er geht langsam ab.*

Fünfte Szene

Der Mann, allein

Der Mann Die Sache ist so gut angelegt. Ich hatte was Junges und Kräftiges nötig, das mir helfen kann, wenn es Not tut. Den Gilbert kann ich gerade brauchen. – Es ist mir, als hörte ich das Geräusch von Rudern und eine Guitarre auf dem Wasser. – Ja. *Er geht nach dem Geländer. Man* *hört eine Guitarre und eine Stimme in der Ferne.* – Das ist mein Mann. – Er landet. Gut. Er schickt den Fischer weg. Vortrefflich! *Er kommt auf den Vordergrund der Bühne zurück.* Da kommt er.

Fabiano Fabiani tritt auf, in seinen Mantel gehüllt. Er geht auf die Türe des Hauses zu.

Sechste Szene

Der Mann, Fabiano Fabiani

Der Mann *hält Fabiani auf:* Ein Wort, wenn es Euch beliebt.

Fabiani Man spricht mit mir, glaub' ich. Wer ist der Spitzbube? Wer bist du?

Der Mann Alles, wofür es Euch beliebt, mich zu halten.

Fabiani Diese Laterne leuchtet schlecht. Aber du hast eine gelbe Mütze auf, wie mir deucht, eine Judenmütze? Bist du ein Jude?

Der Mann Ja, ein Jude. Ich habe Euch etwas zu sagen.

Fabiani Wie heißt du?

Der Mann Ich weiß Euren Namen, und Ihr wißt meinen nicht. Ich habe einen Vorteil über Euch; erlaubt mir, ihn zu behalten.

Fabiani Du weißt meinen Namen, du? Das ist nicht wahr.

Der Mann Ich weiß Euren Namen. Zu Neapel hießt Ihr Signor Fabiani, zu Madrid Don Fabiano; zu London heißt Ihr Fabiano Fabiani, Graf von Clanbrassil.

Fabiani Hole dich der Teufel!

Der Mann Behüte Euch Gott!

Fabiani Ich werde dir Stockschläge geben lassen. Ich will nicht, daß man meinen Namen weiß, wenn ich so des Nachts vor mich hingehe.

Der Mann Besonders wenn Ihr dahin geht, wohin Ihr geht.

Fabiani Was soll das heißen?

Der Mann Wenn die Königin es wüßte!

Fabiani Ich gehe nirgends hin.

Der Mann Doch, Mylord! Ihr geht zu der schönen Jane, der Braut von Gilbert, dem Arbeiter.

Fabiani *bei Seite:* Teufel! das ist ein gefährlicher Mensch.

Der Mann Wollt Ihr, daß ich Euch noch mehr sage? Ihr habt das Mädchen verführt, und seit einem Monat hat sie Euch zweimal des Nachts zu sich gelassen, heute ist es das drittemal. Die Schöne wartet auf Euch.

Fabiani Still, still! Soll ich dir das Maul mit Silber stopfen? Wie viel willst du?

Der Mann Das werden wir gleich sehen. Soll ich Euch jetzt auch sagen, Mylord, warum Ihr das Mädchen verführt habt?

Fabiani Wahrhaftig, weil ich in sie verliebt war.

Der Mann Nein. Das wart Ihr nicht.

Fabiani Ich hätte Jane nicht geliebt?

Der Mann So wenig, als Ihr die Königin liebt. Liebe, nein; Berechnung, ja.

Fabiani Kerl, du bist kein Mensch, du bist mein Gewissen, als Jude verkleidet.

Der Mann Ich will mit Euch reden, wie Euer Gewissen, Mylord. Die ganze Geschichte verhält sich so. Ihr seid der Günstling der Königin. Die Königin hat Euch das Hosenband gegeben, den Grafen- und den Herrentitel. Taube Nüsse das Alles. Das Hosenband ist ein Lumpen, die Grafschaft ein Wort, der Herrentitel verhilft Einem zu dem Recht, den Kopf abgeschnitten zu kriegen. Ihr hattet was Besseres nötig. Ihr brauchtet, Mylord, gute Äcker, gute Vogteien, gute Schlösser und gute Einkünfte in guten Pfunden. Heinrich der Achte nun hatte die Güter des vor sechszehn Jahren enthaupteten Lord Talbot konfisziert. Ihr habt Euch von der Königin die Güter des Lord Talbot schenken lassen. Aber um die Schenkung gültig zu machen, hätte Lord Talbot ohne Nachkommen sterben müssen. Wenn es einen Erben oder eine Erbin des Lord Talbot gäbe, so unterläge es keinem Zweifel, daß, da Lord Talbot für die Königin Marie und ihre Mutter Catharina von Aragonien gestorben ist, da Lord Talbot ein Papiste war, und da die Königin Marie eine Papistin ist, daß die Königin Euch, Ihr möcht noch so sehr ihr Günstling sein, Mylord, die Güter abnehmen und sie aus Pflichtgefühl, Dankbarkeit und Religiosität dem Erben oder der Erbin zurückgeben würde. Ihr fühltet Euch von der Seite ziemlich sicher. Lord Talbot hatte nichts als eine kleine Tochter, die zur Zeit, wo ihr Vater enthauptet wurde, aus der Wiege verschwand und von ganz England für tot gehalten wurde. Aber Eure Spione haben neulich entdeckt, daß in der Nacht, wo Lord Talbot und seine Partei durch Heinrich den Achten vernichtet wurde, ein Kind ganz geheimnisvoll bei einem Arbeiter an der Londoner Brücke untergebracht worden wäre, daß es unter dem Namen Jane aufgewachsen und wahrscheinlich Jane Talbot, das kleine verschwundene Mädchen sei. Die schriftlichen Beweise für ihre Geburt fehlten, das ist wahr; aber sie konnten sich alle Tage wieder finden. Der Zufall war verdrießlich. Sich vielleicht eines Tages genötigt zu sehen,

Shrewsbury, Wexford, das eine schöne Stadt ist, und die prächtige Grafschaft Waterford abzutreten, das ist hart. Was tun? Ihr sannt auf ein Mittel, das Mädchen zu vernichten. Ein braver Mann hätte sie vergiften oder ermorden lassen; Ihr, Mylord, habt es besser angefangen, Ihr habt es entehrt.

Fabiani Unverschämter!

Der Mann Euer Gewissen spricht mit Euch, Mylord. Ein Anderer hätte dem Mädchen das Leben genommen, Ihr habt ihm die Ehre und somit die Zukunft gestohlen. Die Königin Marie ist prüde, trotz ihrer Liebschaften.

Fabiani Der Mann geht Allem auf den Grund.

Der Mann Die Königin hat keine gute Gesundheit; die Königin kann sterben, und dann würde der Günstling über ihrem Grabe stolpern. Die materiellen Beweise für den Rang des Mädchens können sich wiederfinden, und dann, wenn die Königin tot ist, wird Jane, trotz ihrer Entehrung, als Erbin von Talbot anerkannt werden. Nun, Ihr habt auch den Fall vorausgesehen, Ihr seid ein junger Herr von gutem Aussehen, Ihr habt sie in Euch verliebt gemacht, sie hat sich Euch überlassen; im schlimmsten Falle würdet Ihr sie heiraten. Sträubt Euch nicht gegen diesen Plan, Mylord, ich finde ihn herrlich. Ich möchte Ihr sein, wenn ich nicht Ich wäre.

Fabiani Danke!

Der Mann Ihr habt die Sache mit Geschick betrieben. Ihr habt Euren Namen verborgen. Vor der Königin seid Ihr gedeckt. Das arme Ding meint, ein Ritter aus dem Lande Sommerset, Namens Amyas Pawlet, habe sie verführt.

Fabiani Alles! Er weiß Alles! Zur Sache jetzt. Was willst du von mir?

Der Mann Mylord, wenn Jemand die Papiere in seinen Händen hätte, welche über die Geburt, das Dasein und die Rechte der Erbin Talbot's Auskunft geben, so würde Euch das arm machen wie meinen Vorahnen Job, und würde Euch keine andern Schlösser übrig lassen, Don Fabiano, als Schlösser in Spanien, was Euch recht unangenehm sein würde.

Fabiani Ja, aber Niemand hat diese Papiere.

Der Mann Doch.

Fabiani Wer?

Der Mann Ich.

Fabiani Bah! du Elender! das ist nicht wahr. Jude, der spricht, Zunge, die lügt.

Der Mann Ich habe diese Papiere.

Fabiani Du lügst. Wo hast du sie?

Der Mann In meiner Tasche.

Fabiani Ich glaube dir nicht. Gut in Ordnung? Es fehlt nichts daran?

Der Mann Es fehlt nichts.

Fabiani Dann muß ich sie haben.

Der Mann Sachte!

Fabiani Jude, gib mir diese Papiere.

Der Mann Sehr gut. – Jude, elender Bettler, der in den Straßen herumstreicht, gib mir die Stadt Shrewsbury, gib mir die Stadt Wexford, gib mir die Grafschaft Waterford! – Ein Almosen, wenn es Euch beliebt!

Fabiani Diese Papiere sind Alles für mich, Nichts für dich.

Der Mann Simon Renard und Lord Chandos würden sie mir gut bezahlen.

Fabiani Simon Renard und Lord Chandos sind die zwei Hunde, zwischen welche ich dich werde hängen lassen.

Der Mann Ihr habt mir sonst nichts vorzuschlagen? Lebt wohl.

Fabiani Steh', Jude! – Was soll ich dir für diese Papiere geben?

Der Mann Etwas, das Ihr bei Euch habt.

Fabiani Meinen Beutel?

Der Mann Pfui! Wollt Ihr den meinigen?

Fabiani Was denn?

Der Mann Ihr habt ein Pergament, das Euch nie verläßt. Es ist ein Freibrief, den die Königin Euch gegeben hat, indem sie auf ihre katholische Krone schwur, dem, welcher ihr ihn überreichen wird, jede Gnade, die er verlangt, zu erweisen. Gebt mir diesen, und Ihr sollt die Urkunden der Jane Talbot erhalten. Papier um Papier.

Fabiani Was willst du mit diesem Freibrief anfangen?

Der Mann Seht die Karten aufgelegt, Mylord. Ich habe Euch Eure Geschichte gesagt; ich will Euch jetzt die meinige erzählen. Ich bin einer der ersten Wechsel-Juden in der Cantersten-Straße zu Brüssel. Ich leihe mein Geld aus. Das ist mein Geschäft. Ich leihe zehn, und man gibt mir fünfzehn wieder. Ich leihe der ganzen Welt, ich würde dem Teufel leihen, ich würde dem Pabste leihen. Es sind jetzt zwei Monate, daß einer meiner Schuldner starb, ohne mich bezahlt zu haben. Er war ein alter, verbannter Diener der Familie Talbot. Der arme Teufel hinterließ nichts, als einige Lumpen. Ich ließ sie in Beschlag nehmen. In diesen Lumpen fand sich ein Kästchen, und in diesem Kästchen Papiere, die

Papiere von Jane Talbot, Mylord, mit ihrer aufs Genauste erzählten und für bessere Zeiten mit Beweisen versehenen Geschichte. Die Königin von England gab Euch gerade damals die Güter von Jane Talbot. Nun hatte ich gerade die Königin von England für ein Darlehen von zehntausend Mark Gold nötig. Ich sah ein, daß sich mit Euch etwas würde machen lassen. Ich kam verkleidet nach England, ich spürte Euren Schritten nach, ich spähte Jane Talbot aus, ich selbst, ich tue Alles selbst. Auf diese Weise erfuhr ich Alles, und da bin ich. Ihr werdet die Papiere von Jane Talbot erhalten, wenn Ihr mir den Freibrief der Königin gebt. Ich werde darauf schreiben, die Königin möge mir zehntausend Mark Gold geben. Man ist mir hier auf der Kanzlei was schuldig; aber ich werde billig sein. Zehntausend Mark Gold, und nichts weiter. Ich fordere die Summe nicht von Euch, weil sie nur ein gekröntes Haupt bezahlen kann. Das heiße ich deutlich sprechen, hoffe ich. Seht, Mylord, zwei so gewandte Leute, wie Ihr und ich, gewinnen nichts dabei, wenn sie einander betrügen. Wenn der Erde die Ehrlichkeit verloren gegangen wäre, so müßte sie sich zwischen zwei Spitzbuben wieder finden.

Fabiani Unmöglich. Ich kann dir dies Pergament nicht geben. Zehntausend Mark Gold! Was wird die Königin sagen? Und dann, morgen kann ich in Ungnade fallen; dies Pergament ist mein Asyl, dies Pergament ist mein Kopf.

Der Mann Was geht mich das an?

Fabiani Fordere was Anderes.

Der Mann Ich will einmal das.

Fabiani Jude, gib mir die Papiere von Jane Talbot.

Der Mann Mylord, gebt mir den Freibrief der Königin.

Fabiani Nun denn, verfluchter Jude, ich muß dir nachgeben. *Er zieht ein Papier aus der Tasche.*

Der Mann Zeigt mir den Freibrief der Königin.

Fabiani Zeige mir die Papiere Talbot's.

Der Mann Hernach.

Sie nähern sich der Laterne. Fabiani steht hinter dem Juden und hält ihm mit der linken Hand das Papier unter die Augen. Der Jude untersucht es.

Der Mann *liest:* »Wir, Marie, Königin . . .« – Gut. – Ihr seht, ich bin wie Ihr, Mylord. Ich habe Alles berechnet. Ich habe Alles vorhergesehen.

Fabiani *zieht mit der Rechten seinen Dolch und stößt ihn ihm in die Kehle:* Das ausgenommen.

Der Mann Oh! Verräter! . . . – Hülfe! *Er fällt. Im Falle wirft er, ohne daß Fabiani es bemerkt, ein versiegeltes Paket hinter sich in den Schatten.*

Fabiani *bückt sich über den Körper:* Er ist tot, meiner Treu! – Schnell diese Papiere! *Er durchsucht den Juden.* Aber was! er hat nichts, nichts bei sich! kein Papier, der alte Hund! Er hat gelogen; er hat mich betrogen! Er hat mich bestohlen. Seht das, verdammter Jude! Oh! er hat nichts, es ist aus. Ich habe ihn umsonst getötet! Sie sind alle so, die Juden. Lügen und Stehlen, das ist der ganze Jude. Weg mit der Leiche, ich kann sie nicht vor dieser Türe lassen. *Er geht auf den Hintergrund der Bühne.* Vielleicht ist der Schiffer noch da, er mag mir helfen ihn in die Themse werfen. *Er steigt hinunter und verschwindet hinter dem Geländer.*

Gilbert *tritt auf der entgegengesetzten Seite auf:* Es ist mir, als hätte ich einen Schrei gehört. *Er erblickt unter der Laterne den auf der Erde ausgestreckten Körper.* Jemand ermordet! – Der Bettler!

Der Mann *erhebt sich halb:* Ah! . . . Ihr kommt zu spät, Gilbert. *Er deutet mit dem Finger auf den Platz, wohin er das Paket geworfen.* Nehmt das; es sind Papiere, welche beweisen, daß Jane, Eure Braut, die Tochter und Erbin des letzten Lord Talbot ist. Mein Mörder ist Clanbrassil, der Günstling der Königin. – Ach, ich ersticke! – Gilbert, räche mich und räche dich! . . . – *Er stirbt.*

Gilbert Tot! – Ich soll mich rächen? Was will er sagen? Jane, Tochter des Lord Talbot? Lord Clanbrassil? der Günstling der Königin? Oh, mir schwindelt! *Er schüttelt die Leiche.* Sprich noch ein Wort! – Er ist tot.

Siebente Szene

Gilbert, Fabiani

Fabiani *kommt zurück:* Wer da?

Gilbert Man hat einen Menschen ermordet.

Fabiani Nein, einen Juden.

Gilbert Wer hat diesen Mann getötet?

Fabiani Wahrhaftig, Ihr oder ich!

Gilbert Herr! . . .

Fabiani Kein Zeuge. Eine Leiche am Boden, zwei Männer daneben. Wer ist der Mörder? Nichts beweis't, daß der eine es eher sei, als der andere, ich eher, als Ihr.

Gilbert Elender! Ihr seid der Mörder.

Fabiani Nun ja, in der Tat, ich bin es! – Und nun?

Gilbert Ich werde die Wache rufen.

Fabiani Ihr werdet mir helfen, den Körper in's Wasser werfen.

Gilbert Ich werde Euch verhaften und bestrafen lassen.

Fabiani Ihr werdet mir helfen, den Körper in's Wasser werfen.

Gilbert Ihr seid unverschämt.

Fabiani Glaubt mir, verwischen wir jede Spur, es geht Euch mehr an, als mich.

Gilbert Das ist stark.

Fabiani Einer von uns beiden hat den Streich geführt. Ich, ich bin ein großer Herr, ein edler Herr; Ihr, Ihr seid ein Landstreicher, ein Bettler, ein Mann aus dem Volke. Ein Edelmann, der einen Juden tötet, zahlt vier Sous Strafgeld. Ein Mann aus dem Volke, der einen tötet, wird gehenkt.

Gilbert Ihr würdet wagen?

Fabiani Ich zeige Euch an, wenn Ihr mich anzeigt. Man wird mir eher glauben, als Euch. Jedenfalls ist die Wette ungleich. Vier Sous Strafe für mich, der Galgen für Euch.

Gilbert Keine Zeugen! keine Beweise! Oh! mein Kopf wird wirr. Der Schurke hat mich, er hat Recht.

Fabiani Soll ich Euch helfen, den Körper in's Wasser werfen?

Gilbert Ihr seid der Teufel!

Gilbert faßt die Leiche am Kopf, Fabiani an den Füßen; sie tragen sie bis zum Geländer.

Fabiani Ja. – Meiner Treu! mein Teurer, ich weiß nicht mehr recht, wer von uns beiden den Mann getötet hat.

Sie steigen hinter dem Geländer hinunter.

Fabiani *kommt zurück:* Es ist geschehen. – Gute Nacht, mein Freund, geht Eurer Wege. *Er geht auf das Haus zu und wendet sich um, indem er bemerkt, daß Gilbert ihm folgt.* Nun, was wollt Ihr? Etwas Geld für Eure Mühe? Eigentlich bin ich Euch nichts schuldig; doch nehmt. *Er gibt Gilbert seine Börse, der eine zurückweichende Bewegung macht und sie dann mit der Miene eines Mannes, der sich anders besinnt, annimmt.* Jetzt fort! Nun, auf was wartet Ihr noch?

Gilbert Auf nichts.

Fabiani Meiner Treu! bleibt da, wenn es Euch gefällt. Die schönen Sterne für Euch, das schöne Mädchen für mich. Gott behüte Euch! *Er geht auf die Türe des Hauses zu und bereitet sich, sie zu öffnen.*

Gilbert Wo geht Ihr hin?

Fabiani Wahrhaftig! nach Hause.

Gilbert Wie, nach Hause?

Fabiani Ja.

Gilbert Wer von uns beiden träumt dann? Ihr sagtet mir eben, ich wäre der Mörder des Juden; Ihr sagt mir jetzt, dieses Haus da wäre Euer.

Fabiani Oder meiner Geliebten, das kommt auf Eins heraus.

Gilbert Wiederholt mir, was Ihr eben gesagt.

Fabiani Ich sage Euch, Freund, weil Ihr es wissen wollt, daß in diesem Haus ein schönes Mädchen, Namens Jane, wohnt, das meine Geliebte ist.

Gilbert Und ich, Mylord, sage dir, daß du lügst! Ich sage dir, daß du ein Lügner und ein Mörder bist, ich sage dir, daß deine Mutter auf offnem Markt von dem Henker ist ausgepeitscht worden, und daß ich deinen

Kopf mit meinen Händen packen und dir deine Zunge mit deinen Zähnen abbeißen werde.

Fabiani Nun! nun! Was ist das für ein Teufelskerl?

Gilbert Ich bin Gilbert, der Arbeiter. Jane ist meine Braut.

Fabiani Und ich, ich bin der Ritter Amyas Pawlet. Jane ist meine Geliebte.

Gilbert Du lügst! sage ich dir, du bist Lord Clanbrassil, der Günstling der Königin. Schwachkopf! der glaubte, ich wüßte das nicht.

Fabiani *bei Seite:* Alle Welt kennt mich doch diese Nacht. Noch ein gefährlicher Mensch, den ich wegschaffen muß.

Gilbert Sag' sogleich, daß du gelogen hast, wie ein Schurke, und daß Jane deine Geliebte nicht ist.

Fabiani Kennst du ihre Schrift? *Er zieht ein Billet aus seiner Tasche.* Lies das. *Bei Seite, während Gilbert konvulsivisch das Papier entfaltet:* Er muß hinein und mit Jane Händel anfangen; das gibt meinen Leuten Zeit, herbeizukommen.

Gilbert *liest:* »Ich bin heute Nacht allein, Ihr könnt kommen.« Verdammt! Mylord, du hast meine Braut entehrt, du bist ein Schurke! Gib mir Rechenschaft.

Fabiani *nimmt seinen Degen in die Hand:* Ich will wohl, wo ist dein Degen?

Gilbert O Wut! Aus dem Volke sein! Nichts bei sich haben, weder Degen, noch Dolch! Geh, ich werde des Nachts an einer Gassenecke auf dich lauern und dir meine Nägel in den Hals drücken und dich erwürgen, Elender!

Fabiani Nun! nun! Ihr seid heftig, mein Freund.

Gilbert Oh, Mylord! ich werde mich an dir rächen.

Fabiani Du dich an mir rächen! Du so niedrig, ich so hoch! Du bist toll! Ich lache dich aus.

Gilbert Du lachst mich aus?

Fabiani Ja.

Gilbert Du sollst sehen!

Fabiani *bei Seite:* Die Sonne darf morgen diesen Mann nicht bescheinen. *Laut:* Freund, glaube mir, gehe heim. Ich bin ärgerlich, daß du das entdeckt hast; aber ich überlasse dir die Schöne. Es war ohnehin meine Absicht nicht, die Liebschaft weiter zu treiben. Geht heim. *Er wirft einen Schlüssel zu den Füßen Gilberts.* Wenn du keinen Schlüssel hast, da ist einer. Oder, wenn du willst, brauchst du nur viermal an den Laden zu klopfen. Jane wird glauben, ich sei es, und dir öffnen. Gute Nacht. *Er geht.*

Achte Szene

Gilbert, allein

Gilbert Er ist fort! Er ist nicht mehr da! Ich habe ihn nicht mit den Füßen zerstampft! Ich mußte ihn gehen lassen! keine Waffen bei mir! *Er erblickt auf dem Boden den Dolch, womit Lord Clanbrassil den Juden getötet hat; er rafft ihn mit rasender Eile auf.* Ah! du kommst zu spät! du kannst wahrscheinlich nur mich noch töten! aber das ist gleich, magst du vom Himmel gefallen oder von der Hölle ausgespien sein, ich segne dich! Oh! Jane hat mich verraten! Jane hat sich diesem Schurken überlassen! Jane ist die Erbin des Lord Talbot! Jane ist für mich verloren!

Oh Gott! das sind in einer Stunde mehr schreckliche Dinge, als ein Kopf tragen kann.

Simon Renard erscheint im Dunkeln im Hintergrunde der Bühne.

Oh! mich an diesem Menschen rächen! mich an diesem Lord Clanbrassil rächen! Wenn ich zum Palaste der Königin gehe, werden mich die Knechte mit Fußtritten wegstoßen, wie einen Hund. Oh! ich bin ein Narr; mein Kopf hält's nicht aus. Oh! was liegt mir am Tod, aber ich will gerächt sein! Ich würde mein Blut für die Rache geben! Gibt es Niemand unter der Sonne, der diesen Handel mit mir eingehen möchte? Wer will mich an Lord Clanbrassil rächen und mein Leben als Lohn nehmen?

Neunte Szene

Gilbert, Simon Renard

Simon Renard Ich.

Gilbert Du! Wer bist du?

Simon Renard Ich bin der Mann, den du forderst.

Gilbert Weißt du, wer ich bin?

Simon Renard Du bist der Mann, den ich brauche.

Gilbert Ich habe nur noch einen Gedanken, weißt du das? An Lord Clanbrassil mich rächen und sterben.

Simon Renard Du wirst dich an Lord Clanbrassil rächen und sterben.

Gilbert Ich danke dir, wer du auch seist!

Simon Renard Ja, du sollst die Rache haben, die du forderst; aber vergiß nicht, unter welcher Bedingung. Ich muß dein Leben haben.

Gilbert Nimm es.

Simon Renard Sind wir einig?

Gilbert Ja.

Simon Renard Folge mir.

Gilbert Wohin?

Simon Renard Du wirst es erfahren.

Gilbert Denke, daß du mir versprachst, mich zu rächen!

Simon Renard Denke, daß du mir versprachst, zu sterben!

Zweite Handlung

Die Königin

Personen

Die Königin • **Gilbert** • **Fabiano Fabiani** • **Simon Renard** • **Jane**
Edelleute, Der Henker

Zweiter Tag

Eins von den Zimmern der Königin. Ein Evangelium aufgeschlagen auf einem Betpult. Die königliche Krone auf einem Schemel. Seitentüren. Eine breite Türe im Hintergrund. – Ein Teil des Hintergrundes wird durch eine große gewirkte Tapete verdeckt.

Erste Szene

__Die Königin__ reich gekleidet auf einem Ruhebette. __Fabiano Fabiani__ sitzt auf einem Schemel zur Seite, prächtiges Kostüm, das Hosenband.

Fabiani *eine Guitarre in der Hand, singt:*

Träumst du, o holde Traute,
Sanft unter meinem Aug',
So lispelt Liebeslaute
Mir deiner Lippen Hauch.
Entknosp't aus Prunk und Schleier
Blüht mir dein süßer Leib.
  Mir ewig teuer,
  Schlaf süß, hold Weib!

Hör' ich aus deinem Munde:
»Du liebst mich« – dann schon ***hier***
Schließt sich in sel'ger Stunde
Der Himmel auf über mir.
Vom heil'gen, ew'gen Feuer
Der Liebe strahlt dein Blick!
  Weib, mir so teuer,
  Sei stets mein Glück!

Vier Zauberworte heben,
In Klarheit, ungetrübt,
Empor das ganze Leben,
Beneidet und geliebt.
Das ist des Lebens Sonne,
Mein ewig junges Glück:
  »Gesang, Traum, Wonne
  Und – Liebesblick!«

Er stellt die Guitarre weg. Oh! ich liebe Euch mehr, als ich sagen kann, Madame! Aber dieser Simon Renard! dieser Simon Renard! mächtiger hier, als Ihr selbst, ich hasse ihn.

Die Königin Ihr wißt wohl, daß ich nichts dafür kann, Mylord. Er ist hier der Gesandte des Prinzen von Spanien, meines zukünftigen Gemahls.

Fabiani Eures zukünftigen Gemahls!

Die Königin Still, Mylord, sprechen wir nicht mehr davon. Ich liebe Euch, was braucht Ihr mehr? Und dann, es ist jetzt Zeit, daß Ihr geht.

Fabiani Marie, noch einen Augenblick!

Die Königin Aber es ist die Stunde, wo der geheime Rat sich versammelt. Bisher war nur das Weib hier, die Königin muß jetzt hereintreten.

Fabiani Ich will, daß das Weib die Königin vor der Türe warten läßt.

Die Königin Ihr wollt! Ihr wollt! Ihr! Seht mich an, Mylord. Du hast einen jungen und reizenden Kopf, Fabiano.

Fabiani O, Ihr seid schön! Ihr würdet nichts nötig haben, als Eure Schönheit, um allmächtig zu sein. Auf Eurem Haupte ist etwas, das sagt, daß Ihr die Königin seid; es steht aber noch viel deutlicher auf Eurer Stirn, als auf Eurer Krone.

Die Königin Ihr schmeichelt.

Fabiani Ich liebe dich.

Die Königin Du liebst mich, nicht wahr? Du liebst nur mich? Sage mir das noch einmal so, mit diesen Augen. Ach! wir armen Weiber, wir wissen niemals genau, was in dem Herzen eines Mannes vorgeht; wir müssen euren Augen glauben, und die schönsten, Fabiano, lügen zuweilen am häßlichsten. Aber deine, Mylord, sind so treu und rein, daß sie nicht lügen können, nicht wahr? Ja, dein Blick ist offen und ehrlich, mein schöner Page. Oh! Himmelsaugen nehmen und damit betrügen, das wäre höllisch. Du hast deine Augen einem Engel oder dem Teufel gestohlen.

Fabiani Weder Engel, noch Teufel. Ein Mann, der Euch liebt.

Die Königin Der die Königin liebt?

Fabiani Der Marie liebt.

Die Königin Höre, Fabiano, ich liebe dich auch. Du bist jung, es gibt viel schöne Weiber, die dich gar zärtlich ansehen, ich weiß es. Endlich, man wird eine Königin müde, so gut wie eine andere. Unterbrich mich nicht. Ich will, daß du mir es sagst, wenn du je ein anderes Weib lieben solltest. Ich werde dir vielleicht verzeihen, wenn du mir es sagst. Unterbrich mich doch nicht. Du weißt nicht, wie weit meine Liebe geht, ich weiß es selbst nicht. Es ist wahr, ich habe Augenblicke, wo ich dich lieber tot, als mit einer Andern glücklich wissen möchte; aber es kommen mir auch andere, wo ich dich lieber glücklich sähe. Mein Gott! Ich weiß nicht, warum man mich in den Ruf eines schlechten Weibes bringen will.

Fabiani Ich kann nur mit dir glücklich sein, Marie. Ich liebe nur dich.

Die Königin Gewiß? Sieh' mich an. Gewiß? O! ich bin manchmal eifersüchtig; ich bilde mir ein, – welches Weib hat nicht solche Gedanken? – ich bilde mir manchmal ein, du täuschtest mich. Ich möchte unsichtbar sein und dir folgen können und immer wissen, was du tust, was du sagst und wo du bist. In den Feenmärchen gibt es einen Ring, der Einen unsichtbar macht; ich würde meine Krone für diesen

Ring geben. Ich bilde mir immer ein, du gingest zu den schönen Mädchen in der Stadt. O! du solltest mich nicht täuschen, siehst du!

Fabiani Aber verbannt doch diese Gedanken, Madame. Ich Euch täuschen, meine gute Königin, meine gute Herrin! Ich müßte der undankbarste und erbärmlichste Mensch sein! Aber ich gab Euch keine Veranlassung, mich für den undankbarsten und erbärmlichsten Menschen zu halten. Aber ich liebe dich, Marie! aber ich bete dich an! aber ich könnte ein anderes Weib nicht einmal ansehen! Ich liebe dich, sage ich dir; aber siehst du das nicht in meinen Augen? O, mein Gott! die Wahrheit hat einen Ton, der dich überzeugen sollte. Sieh', betrachte mich genau, sehe ich aus wie ein Mensch, der dich verrät? Wenn ein Mann ein Weib verrät, so sieht man es gleich. Die Weiber täuschen sich gewöhnlich nicht in dergleichen. Und welchen Augenblick wähltest du, mir solche Dinge zu sagen, Marie? den Augenblick meines Lebens, worin ich dich vielleicht am meisten liebe. Es ist wahr, es ist mir, als hätte ich dich nie so geliebt, wie heute. Ich spreche jetzt nicht mit der Königin. Wahrhaftig, ich lache über die Königin. Was kann mir die Königin tun? Sie kann mir den Kopf abschlagen lassen, was macht das? Du, Marie, kannst mir das Herz brechen! Nicht Eure Majestät, nein, Marie, dich liebe ich. Deine schöne weiße und zarte Hand küsse und bete ich an, nicht Euer Szepter, Madame.

Die Königin Danke, mein Fabiano. Lebe wohl. – Mein Gott, Mylord, wie jung Ihr seid! Die schönen schwarzen Haare und der reizende Kopf da! – Kommt in einer Stunde wieder.

Fabiani Was Ihr eine Stunde nennt, heiße ich eine Ewigkeit! *Er geht.*

Sobald er weg ist, erhebt die Königin sich rasch, tritt zu einer verborgenen Türe, öffnet sie und führt Simon Renard herein.

Zweite Szene

Die Königin, Simon Renard

Die Königin Kommt herein, Herr Vogt. Nun, seid Ihr da geblieben? Habt Ihr ihn gehört?

Simon Renard Ja, Madame.

Die Königin Was sagt Ihr dazu? O, er ist der größte Schurke und Heuchler unter der Sonne! Was sagt Ihr dazu?

Simon Renard Ich sage, Madame, man sieht wohl, daß dieser Mensch einen Namen auf i führt.

Die Königin Und seid Ihr sicher, daß er zu diesem Weibe des Nachts geht? Ihr habt ihn gesehen?

Simon Renard Ich, Chandos, Clinton, Montagu, zehn Zeugen.

Die Königin Das ist abscheulich!

Simon Renard Außerdem soll die Sache der Königin sogleich noch deutlicher erwiesen werden. Das Mädchen ist hier, wie ich Eurer Majestät gesagt habe. Ich habe es in seinem Hause heute Nacht ergreifen lassen.

Die Königin Aber, reicht dieses Verbrechen nicht hin, diesem Menschen den Kopf abschlagen zu lassen, mein Herr?

Simon Renard Bei einem hübschen Mädchen des Nachts gewesen zu sein? Nein, Madame. Eure Majestät hat Trogmorton für ein ähnliches Vergehen vor Gericht stellen lassen. Trogmorton wurde freigesprochen.

Die Königin Ich habe die Richter des Trogmorton gestraft.

Simon Renard Seht zu, daß Ihr die Richter des Fabiani nicht ebenfalls zu bestrafen habt.

Die Königin O! wie mich an diesem Verräter rächen?

Simon Renard Will Eure Majestät die Rache nur auf eine gewisse Weise?

Die Königin Auf die einzige, welche meiner würdig ist.

Simon Renard Trogmorton wurde freigesprochen. Es gibt nur ein Mittel, ich habe es Eurer Majestät gesagt. Der Mann, welcher da ist . . .

Die Königin Wird er Alles tun, was ich will?

Simon Renard Ja, wenn Ihr Alles tut, was er will.

Die Königin Wird er sein Leben einsetzen?

Simon Renard Er wird seine Bedingungen machen, aber er wird sein Leben einsetzen.

Die Königin Was will er? Wißt Ihr es?

Simon Renard Das, was Ihr selbst wollt, sich rächen.

Die Königin Laßt ihn herein und bleibt in der Nähe, so weit Ihr meine Stimme hören könnt. – Herr Vogt!

Simon Renard *kommt zurück:* Madame!

Die Königin Sagt dem Mylord Chandos, er möge sich im anstoßenden Zimmer mit sechs meiner Leute bereit halten, herein zu treten. Und das Weib auch, daß sie gleich herein kann. – Geht!

Simon Renard geht ab.

Die Königin *allein:* O! das wird schrecklich werden!

Eine der Seitentüren öffnet sich. Simon Renard und Gilbert treten herein.

Dritte Szene

Die Königin, Gilbert, Simon Renard

Gilbert Vor wem bin ich?

Simon Renard Vor der Königin.

Gilbert Der Königin!

Die Königin Ja, der Königin. Ich bin die Königin. Wir haben nicht Zeit, uns zu verwundern. Ihr, Herr, seid Gilbert, ein Arbeiter. Ihr wohnt irgendwo da herum am Ufer des Flusses, mit einer gewissen Jane, mit der Ihr verlobt seid, und die Euch betrügt und zum Liebhaber einen gewissen Fabiano hat, der mich betrügt, mich. Ihr wollt Euch rächen, und ich mich. Dazu muß ich über Euer Leben nach Belieben verfügen können. Ihr müßt sagen, was ich Euch zu sagen befehle, was es auch sei. Es darf für Euch weder Wahrheit, noch Lüge, weder Gut, noch Bös, weder Recht, noch Unrecht mehr geben, nichts als meine Rache und mein Wille. Ihr müßt mich machen und mit Euch machen lassen, was ich will. Willigt Ihr ein?

Gilbert Madame . . .

Die Königin Rache, du sollst sie haben. Aber ich sage dir zum Voraus, du mußt sterben. Das ist Alles. Mache deine Bedingungen. Hast du eine alte Mutter: soll ich ihren Tisch mit Goldstücken bedecken? Sprich, ich tue es. Verkaufe mir dein Leben so teuer, als du willst.

Gilbert Ich bin nicht mehr zum Sterben entschlossen, Madame.

Königin Wie!

Gilbert Seht! Majestät, ich habe die ganze Nacht darüber nachgedacht; es ist mir in dieser Sache noch gar nichts erwiesen. Ich habe einen Mann gesehen, der sich rühmte, der Geliebte von Jane zu sein. Wer beweist mir, daß er nicht gelogen hat? Ich sah einen Schlüssel. Wer beweist mir, daß er nicht gestohlen war? Ich sah einen Brief. Wer beweist mir, daß man sie nicht mit Gewalt ihn hat schreiben machen? Übrigens weiß ich nicht einmal mehr, ob es ihre Hand war. Es war finster. Ich war verwirrt. Ich sah nichts. Ich kann ein Leben nicht wegwerfen, das so gut wie ihr ist. Ich glaube nichts, ich weiß nichts gewiß, ich habe Jane nicht gesehen.

Königin Man sieht wohl, daß du liebst! Du bist wie ich, du trotzest allen Beweisen. Und wenn du nun diese Jane siehst, wenn du sie ihr Verbrechen gestehen hörst, wirst du dann tun, was ich will?

Gilbert Ja, doch eine Bedingung.

Königin Du wirst sie mir später sagen. *Zu Simon Renard:* Sogleich das Weib hierher. *Simon Renard geht.*

Die Königin stellt Gilbert hinter einen Vorhang, der den Hintergrund des Zimmers zum Teil verdeckt.

Stelle dich dahin.

Jane tritt bleich und zitternd herein.

Vierte Szene

***Die Königin, Jane, Gilbert** hinter dem Vorhang*

Königin Näher, junges Mädchen! Du weißt, wer wir sind?

Jane Ja, Madame.

Königin Du weißt, wer der Mann ist, welcher dich verführt hat?

Jane Ja, Madame.

Königin Er hat dich betrogen! Er hat sich für einen Edelmann, Namens Amyas Pawlet, ausgegeben?

Jane Ja, Madame.

Königin Du weißt jetzt, daß er Fabiano Fabiani, Graf von Clanbrassil, ist?

Jane Ja, Madame.

Königin Diese Nacht, als man dich in deinem Hause ergriff, hattest du ihm eine Zusammenkunft versprochen, du erwartetest ihn?

Jane *die Hände ringend:* Mein Gott, Madame!

Königin Antworte.

Jane *mit schwacher Stimme:* Ja.

Königin Du weißt, daß ihr nichts mehr zu hoffen habt, weder du noch er?

Jane Als den Tod! Das ist eine Hoffnung.

Königin Erzähle mir die ganze Geschichte. Wo hast du diesen Mann zum ersten Male gesprochen?

Jane Das erste Mal, daß ich ihn sah, es war . . . aber wozu das Alles? Ein elendes Mädchen aus dem Volke, arm und eitel, töricht und gefallsüchtig, vernarrt in Putz und ein schönes Äußere, das sich durch den Glanz eines großen Herrn blenden läßt: das ist Alles. Ich bin verführt, ich bin entehrt, ich bin verloren. Ich habe nichts mehr zu sagen. Mein Gott, Madame, seht Ihr denn nicht, daß jedes Wort, das ich spreche, mich sterben macht.

Königin Es ist gut.

Jane O Euer Zorn ist schrecklich, ich weiß es, Madame. Mein Haupt beugt sich zum Voraus unter der Strafe, die Ihr mir bereitet.

Königin Ich eine Strafe für dich! Was kümmere ich mich denn um dich, Närrin! Wer bist du, elendes Geschöpf, daß die Königin sich mit dir beschäftigen sollte? Nein, Fabiano, das ist meine Sache. Was dich betrifft, Weib, so übernimmt es ein Anderer, als ich, dich zu bestrafen.

Jane Gut denn, Madame, übertragt es, wem Ihr wollt, straft mich, wie Ihr wollt, ich werde Alles dulden, ohne zu klagen, ich werde Euch selbst danken, nur erbarmt Euch meiner Bitte. Es gibt ein' Mann, der mich als Waise in der Wiege erhielt, der mich aufnahm, der mich erzog, mich nährte, mich liebte und mich noch liebt; ein Mann, dessen ich sehr unwürdig bin, gegen den ich mich schwer vergangen habe und dessen Bild dennoch angebetet, göttlich und heilig wie das Gottes in der Tiefe meines Herzens ruht; ein Mann, der ohne Zweifel in der Stunde, wo ich mit Euch rede, sein Haus leer, verlassen und wüst findet und nichts davon begreift und sich die Haare aus Verzweiflung ausreißt. Und so bitte ich denn Eure Majestät, möge er nie etwas davon begreifen; möge ich verschwinden, ohne daß er je weiß, was aus mir geworden ist, weder was ich getan habe, noch was Ihr mit mir gemacht habt. Ach mein Gott! ich weiß nicht, ob ich mich deutlich mache; aber Ihr müßt fühlen, daß ich einen Freund habe, einen edlen und großmütigen Freund, – armer Gilbert! o ja, es ist wohl wahr – der mich achtet, mich für rein hält, und von dem ich nicht gehaßt und verachtet sein will. – Ihr versteht mich, Madame. Seht, die Achtung dieses Mannes ist für mich weit mehr, als das Leben! Und dann das würde ihm schrecklichen Kummer machen! Ein solcher Schlag! Er würde es anfangs nicht glauben! Nein, er würde es nicht glauben! Mein Gott! armer Gilbert! Oh Madame! habt Mitleid mit ihm und mir. Er hat Euch nichts getan. Daß er nichts davon erfährt, im Namen des Himmels! im Namen des Himmels! Daß er nicht erfährt, daß ich schuldig bin; er würde sich töten. Daß er nicht erfährt, daß ich tot bin; er würde sterben.

Königin Der Mann, von dem Ihr sprecht, ist hier; er hört Euch, er richtet Euch und wird Euch strafen. *Gilbert zeigt sich.*

Jane Himmel! Gilbert!

Gilbert *zur Königin:* Mein Leben gehört Euch, Madame.

Königin Gut. Habt Ihr einige Bedingungen zu machen?

Gilbert Ja, Madame.

Königin Welche? Wir geben Euch unser königliches Wort, daß wir sie zum Voraus genehmigen.

Gilbert Seht, Madame. – Es ist sehr einfach. Es ist eine Schuld der Dankbarkeit, deren ich mich gegen einen Herrn Eures Hofes (entledige), welcher mir viel Arbeit verschafft hat.

Königin Sprecht.

Gilbert Dieser Herr hat ein geheimes Verhältnis mit einem Weibe, das er nicht heiraten kann, weil es aus einem geächteten Hause stammt. Dieses Weib, das bis jetzt verborgen gelebt hat, ist die einzige Tochter und Erbin des letzten Lord Talbot, der unter Heinrich dem Achten enthauptet wurde.

Königin Was! Bist du dessen gewiß, was du da sagst! Johann Talbot, der gute katholische Lord, der loyale Verteidiger meiner Mutter von Aragonien, er hat eine Tochter hinterlassen, sagst du? Bei meiner Krone, wenn das wahr ist, so ist das Kind mein Kind; und was Johann Talbot für die Mutter der Marie von England getan hat, wird Marie von England für die Tochter von Johann Talbot tun.

Gilbert Dann wird es ohne Zweifel Eure Majestät glücklich machen, der Tochter des Lord Talbot die Güter ihres Vaters zurückzugeben? . . .

Königin Ja gewiß, und sie Fabiano wieder zu nehmen! Aber hat man Beweise für das Dasein dieser Erbin?

Gilbert Man hat sie.

Königin Übrigens, wenn wir keine Beweise haben, so machen wir welche. Wir sind nicht umsonst Königin.

Gilbert Eure Majestät wird der Tochter des Lord Talbot die Güter, die Titel, den Rang, den Namen, das Wappen und den Wahlspruch ihres Vaters zurückgeben. Eure Majestät wird sie von jeder Ächtung frei sprechen und ihr das Leben zusichern. Eure Majestät wird sie mit diesem Herrn vermählen, welcher der einzige Mann ist, den sie heiraten kann. Unter diesen Bedingungen, Madame, könnt Ihr über mich verfügen, über meine Freiheit, mein Leben und meinen Willen, wie Euch beliebt.

Königin Gut. Ich werde tun, was Ihr gesagt habt.

Gilbert Eure Majestät wird tun, was ich gesagt habe. Die Königin von England schwört es mir Gilbert, dem Arbeiter, auf ihre Krone hier und auf das offene Evangelienbuch da.

Königin Ich schwöre es dir auf die königliche Krone hier und auf das heilige Evangelium da.

Gilbert Der Vertrag ist geschlossen, Madame. Laßt ein Grab für mich und ein Hochzeitbett für die Gatten bereiten. Der Herr, von dem ich sprach, ist Fabiani, Graf von Clanbrassil. Die Erbin Talbot's, – hier ist sie.

Jane Was sagt er?

Königin Habe ich mit einem Wahnsinnigen zu tun? Was bedeutet das? Meister, gebt Acht, Ihr seid sehr tollkühn, die Königin von England zu necken! – Die königlichen Zimmer sind Orte, wo man die Worte wägen muß, die man spricht; es gibt Fälle, wo der Mund den Kopf fallen macht!

Gilbert Meinen Kopf, Ihr habt ihn, Madame. Ich, ich habe Euern Eid.

Königin Ihr sprecht nicht im Ernst. Dieser Fabiani! Diese Jane! . . . – Geht doch!

Gilbert Diese Jane ist die Tochter und Erbin des Lord Talbot.

Königin Bah! Gesichter! Fixe Ideen! Narrheit! Die Beweise, habt Ihr sie?

Gilbert Vollständig. *Er zieht ein Paket aus dem Busen.* Les't diese Papiere.

Königin Habe ich Zeit, Eure Papiere zu lesen? Habe ich Eure Papiere verlangt? Was geht mich das an? Eure Papiere, bei meiner Seele, ich werfe sie in's Feuer, wenn sie etwas beweisen, so daß nichts übrig bleibt.

Gilbert Als Euer Eid, Madame.

Königin Mein Eid! Mein Eid!

Gilbert Auf die Krone und auf das Evangelium, Madame! Das heißt auf Euer Haupt und auf Eure Seele, auf Euer Leben in dieser und auf Euer Leben in der anderen Welt.

Königin Aber was willst du denn? Bei meinem Eide, du bist wahnwitzig!

Gilbert Was ich will? Jane hat ihren Rang verloren; gebt ihr ihn wieder! Jane hat ihre Ehre verloren; gebt ihr sie wieder! Erklärt sie für die Tochter des Lord Talbot und die Gemahlin des Lord Clanbrassil, – und dann nehmt mein Leben!

Königin Dein Leben! Was soll ich dann mit deinem Leben anfangen? Ich wollte es nur, um mich an diesem Menschen, an Fabiano zu rächen! Du begreifst also nichts? Ich begreife dich eben so wenig. So also rächst du dich? O diese Leute aus dem Volke sind dumm! Und dann, glaube ich denn an deine lächerliche Geschichte mit deiner Erbin Talbot's? Die Papiere! Du zeigst mir die Papiere! Ich will sie nicht ansehen. Ha! ein Weib verrät dich, und du spielst den Großmütigen! Wie du willst. Ich bin nicht großmütig, ich! Ich habe Wut und Haß im Herzen. Ich werde mich rächen, und du wirst mir helfen. Aber dieser Mensch ist ein Narr! »Ein Narr! Ein Narr!« Mein Gott! Warum habe ich ihn nötig? Es ist zum Verzweifeln, wenn man mit solchen Leuten bei ernsthaften Dingen zu tun hat!

Gilbert Ich habe Euer Wort als katholische Königin. Lord Clanbrassil hat Jane verführt, er soll sie heiraten.

Königin Und wenn er sich weigert?

Gilbert So werdet Ihr ihn zwingen.

Jane Oh nein! Habt Erbarmen, Gilbert!

Gilbert Nun denn! Wenn er sich weigert, der Schurke, so mag Eure Majestät mit mir und ihm machen, was beliebt,

Königin *freudig:* Ha! das ist Alles, was ich will!

Gilbert Wenn das geschieht, so werde ich Alles tun, was die Königin mir aufträgt, im Falle die Krone der Gräfin von Waterford feierlich auf das heilige und unverletzliche Haupt der Jane Talbot hier gesetzt wird.

Königin Alles?

Gilbert Alles.

Königin Du wirst sagen, was du sagen sollst? Du wirst des Todes sterben, den man will?

Gilbert Des Todes, den man will.

Jane O Gott!

Königin Du schwörst es?

Gilbert Ich schwöre es.

Königin Die Sache kann so gehen. Das genügt. Ich habe dein Wort, du hast das meinige. So sei es. *Sie scheint einen Augenblick nachzudenken, zu Jane:* Ihr seid hier überflüssig, geht. Man wird Euch wieder rufen.

Jane O Gilbert, was habt Ihr getan? O Gilbert! ich bin eine Elende, ich wage die Augen nicht vor Euch aufzuschlagen! O Gilbert! Ihr seid mehr, als ein Engel; denn Ihr habt zugleich die Tugenden eines Engels und die Leidenschaften eines Menschen. *Sie geht.*

Fünfte Szene

Die Königin, Gilbert; dann Simon Renard, Lord Chandos und die Wachen

Königin *zu Gilbert:* Hast du eine Waffe bei dir? Ein Messer? Einen Dolch? Sonst etwas?

Gilbert *zieht aus seinem Busen den Dolch des Lord Clanbrassil:* Einen Dolch? Ja, Madame.

Königin Gut. Nimm ihn in die Hand. *Sie faßt ihn lebhaft bei'm Arm.* Herr von Amont! Lord Chandos!

Simon Renard, Lord Chandos und die Wachen treten ein.

Versichert Euch dieses Menschen! Er hat den Dolch auf mich gezückt. Ich faßte ihn bei'm Arm im Augenblick, wo er mich durchbohren wollte. Er ist ein Mörder.

Gilbert Madame!

Königin *leise zu Gilbert:* Vergißt du schon jetzt unsere Bedingungen? Läßt du dich so gehen? *Laut:* Ihr alle seid Zeugen, daß er den Dolch noch in der Hand hatte! Herr Vogt, wie heißt der Henker des Londoner Turmes?

Simon Renard Er ist ein Irländer, Namens Mac Dermot.

Königin Man lasse ihn kommen, ich habe mit ihm zu sprechen.

Simon Renard Ihr selbst?

Königin Ich selbst.

Simon Renard Die Königin wird mit dem Henker sprechen!

Königin Ja, die Königin wird mit dem Henker, der Kopf wird mit der Hand sprechen. – Geht doch!

Einer von der Wache geht ab.

Mylord Chandos und Ihr, meine Herrn, steht mir für diesen Mann. Nehmt ihn in Eure Mitte, da hinter Euch. Es werden hier Dinge vorgehen, die er sehen muß. – Herr Lieutenant von Amont, ist Lord Clanbrassil in dem Palast?

Simon Renard Er ist da, in dem gemalten Zimmer, und wartet bis es der Königin beliebt, ihn zu sehen.

Königin Er ahnt Nichts?

Simon Renard Nichts.

Königin *zu Lord Chandos:* Er mag hereinkommen.

Simon Renard Der ganze Hof wartet ebenfalls. Soll Niemand vor Lord Clanbrassil hereinkommen?

Königin Wer von unsern Herrn haßt Fabiani?

Simon Renard Sie hassen ihn alle.

Königin Wer haßt ihn am meisten?

Simon Renard Clinton, Montagu, Sommerset, der Graf von Derby, Gerard Fitz-Gerard, Lord Paget und der Lord Kanzler.

Königin *zu Lord Chandos:* Führt sie alle herein, den Lord Kanzler ausgenommen. Geht. *Chandos geht. Zu Simon Renard.* Der würdige Bischof liebt den Fabiani so wenig, als die Andern; aber der Mann ist etwas genau. *Sie bemerkt die Papiere, welche Gilbert auf den Tisch gelegt hat.* Ach! ich muß doch einen Blick in diese Papiere werfen. *Während sie dieselben untersucht, öffnet sich die Türe im Hintergrund. Die von der Königin bezeichneten Herrn treten unter tiefen Verbeugungen herein.*

Sechste Szene

Die Nämlichen, ***Lord Clinton*** *und die übrigen Herrn*

Königin Guten Tag, meine Herrn. Gott behüte Euch, Mylords. *Zu Lord Montagu:* Anthony Brown, ich vergesse nie, daß Ihr dem Johann von Montmorency und dem Herrn von Toulouse bei meinen Unterhandlungen mit dem Kaiser, meinem Oheim, würdig Stand gehalten habt. – Lord Paget, Ihr werdet heute Eure Titel als Baron Paget von Beaudesert in Stafford erhalten. – Seht doch! da ist ja unser alter Freund Lord Clinton! Wir sind immer Eure gute Freundin, Mylord. Ihr habt Thomas Wyatt in der Ebene von St. James vernichtet. Gedenken wir alle daran. An diesem Tage wurde die Krone von England durch eine

Brücke gerettet, die meinen Truppen möglich machte, bis zu den Rebellen zu dringen, und durch eine Mauer, welche die Rebellen verhinderte, bis zu mir zu dringen. Diese Brücke war die Brücke von London. Die Mauer war Lord Clinton.

Lord Clinton *leise zu Simon Renard:* Es sind jetzt sechs Monate, seit die Königin nicht mehr mit mir gesprochen hat. Wie gut sie heute ist!

Simon Renard *leise zu Lord Clinton:* Geduld, Mylord. Ihr werdet sie gleich noch besser finden.

Königin *zu Lord Chandos:* Mylord Clanbrassil kann herein kommen. *Zu Simon Renard:* Wenn er einige Augenblicke hier ist . . . *Sie spricht ihm leise in's Ohr und deutet auf die Türe, durch welche Jane hinausgegangen ist.*

Simon Renard Genug, Madame.

Fabiani tritt herein.

Siebte Szene

Die Nämlichen, ***Fabiani***

Königin Ah! da ist er! . . . *Sie spricht wieder leise mit Simon Renard.*

Fabiani *bei Seite, indem er von Allen gegrüßt wird und um sich blickt:* Was soll das heißen? Niemand hier diesen Morgen, als meine Feinde. Die Königin spricht leise mit Simon Renard. Teufel! sie lacht! böses Zeichen!

Königin *mit Grazie zu Fabiani:* Gott behüte Euch, Mylord!

Fabiani *ergreift ihre Hand und küßt sie:* Madame . . . *bei Seite:* Sie hat gelächelt. Die Gefahr droht nicht mir.

Königin *immer mit Grazie* Ich habe mit Euch zu sprechen.

Sie geht mit ihm auf den Vordergrund der Bühne.

Fabiani Und ich habe auch mit Euch zu sprechen, Madame. Ich habe Euch Vorwürfe zu machen. Mich auf so lange Zeit zu entfernen, zu verbannen! Ach! es wäre nicht so, wenn Ihr in der Stunde der Trennung so an mich dächtet, wie ich an Euch denke.

Königin Ihr seid ungerecht; seit Ihr mich verlassen habt, beschäftige ich mich nur mit Euch.

Fabiani Ist das auch wahr? Wäre ich so glücklich? Sagt mir es noch ein Mal.

Königin *immer lächelnd:* Ich schwöre es Euch.

Fabiani Ihr liebt mich also, wie ich Euch liebe?

Königin Ja, Mylord. – Gewiß, ich dachte nur an Euch, und das so, daß ich auf eine angenehme Überraschung für Euch sann, wenn Ihr wieder kämet.

Fabiani Wie! Welche Überraschung?

Königin Eine Zusammenkunft, die Euch Freude machen wird.

Fabiani Zusammenkunft, mit wem?

Königin Ratet. – Ihr ratet es nicht?

Fabiani Nein, Madame.

Königin Kehrt Euch um. *Indem er sich umkehrt, erblickt er Jane auf der Schwelle der kleinen Türe, die halb offen ist.*

Fabiani *bei Seite:* Jane!

Jane *bei Seite:* Er ist's!

Königin *immer lächelnd:* Mylord, kennt Ihr dies junge Mädchen?

Fabiani Nein, Madame!

Königin Junges Mädchen, kennt Ihr Mylord?

Jane Die Wahrheit über das Leben. Ja, Madame.

Königin Mylord, Ihr kennt also dieses Weib nicht?

Fabiani Madame! man will mich verderben. Ich bin von Feinden umgeben. Dieses Weib ist ohne Zweifel mit ihnen im Bunde. Ich kenne sie nicht, Madame! Ich weiß nicht, wer sie ist, Madame!

Königin *erhebt sich und schlägt ihm mit ihrem Handschuh in's Gesicht:* Ah! du bist eine Memme! – Ah! du verrätst die Eine und verleugnest die Andere! Ha! du weißt nicht, wer sie ist. Soll ich dir es sagen? Dieses Weib ist Jane Talbot, Tochter des Johann Talbot, des guten katholischen Herrn, der auf dem Schaffot für meine Mutter starb. Dieses Weib ist Jane Talbot, meine Base; Jane Talbot, Gräfin von Shrewsbury, Gräfin von Wexford, Gräfin von Waterford, Pairesse von England. Das ist dies Weib! – Lord Paget, Ihr seid Siegelbewahrer, Ihr werdet Euch nach meinem Worte richten. Die Königin von England erkennt feierlich das junge Mädchen hier als Jane, Tochter und einzige Erbin des letzten Grafen von Waterford an. *Auf die Papiere zeigend.* Da sind die Papiere und Beweise, Ihr werdet sie mit dem großen Siegel versiegeln. Das ist unser Wille. *Zu Fabiani:* Ja, Gräfin von Waterford! und das ist erwiesen! und du wirst die Güter herausgeben, Schurke! – Ha! du kennst dies Weib nicht! Ha! du weißt nicht, wer dies Weib ist. Nun, ich will dir es sagen, ich! Sie ist Jane Talbot! und soll ich dir noch mehr sagen? *Sie sieht ihn an, leise, zwischen den Zähnen:* Schurke! sie ist deine Geliebte!

Fabiani Madame . . .

Königin Das ist sie, jetzt will ich dir sagen, was du bist. – Du bist ein Mensch ohne Seele, ein Mensch ohne Herz, ein Mensch ohne Geist! Du bist ein Schurke und eine Memme! Du bist . . . Bei Gott, meine Herrn, Ihr habt nicht nötig, Euch zu entfernen. Es ist mir sehr gleichgültig, ob Ihr hört, was ich diesem Menschen zu sagen habe! Ich dämpfe meine Stimme nicht, wie mir deucht. – Fabiano! du bist ein Schurke, ein Verräter an mir, eine Memme gegen sie, ein heuchlerischer Knecht, der erbärmlichste und letzte unter den Menschen! Und doch ist es wahr, daß ich dich zum Grafen von Clanbrassil, zum Baron von Dynasmonddy und dann noch zum Baron von Darmouth in Devonshire gemacht habe. Nun, ich war nicht bei Sinnen! Ich bitte Euch um Verzeihung, Mylords, daß ich Euch den Ellenbogenstößen dieses Menschen aussetzte. Du Ritter! du Edelmann! du Herr! messe dich doch mit denen, die da stehen, Elender! Sieh doch um dich. Das sind Edelleute, da ist Bridges, Baron Chandos. Da Seymour, Herzog von Sommerset. Da die Stanleys, die Grafen von Derby sind seit dem Jahre 1485! Hier die Clinton, die Barone von Clinton sind seit dem Jahre 1298! Bildest du dir ein, du gleichest diesen Leuten, du! Du sagst, du seist mit dem spanischen Hause von Peñalver verwandt; aber es ist nicht wahr, du bist ein elender Italiener, nichts! weniger, als nichts! Sohn eines Schusters vom Dorfe Larino! – Ja meine Herrn, Sohn eines Schusters! Ich wußte es und ich sagte es nicht, und verbarg es; ich tat, als glaubte ich diesem Menschen, wenn er von seinem Adel sprach. Denn so sind wir ein Mal, wir Weiber. O mein Gott! ich wollte, es wären Weiber hier, es wäre eine Lehre für Alle dieser Schurke! dieser Schurke! er betrügt ein Weib und verleugnet das andere! der Elende! Gewiß, du bist sehr erbärmlich! Wie! seit ich spreche, liegt er noch nicht auf den Knieen! Auf die Knie, Fabiani! Mylords, bringt diesen Menschen mit Gewalt auf die Knie!

Fabiani Eure Majestät! . . .

Königin Dieser Elende, den ich mit Wohltaten überhäuft, dieser neapolitanische Lakai, den ich zum goldnen Ritter und freien Grafen von England gemacht habe! Ha, ich hätte mich darauf gefaßt machen sollen! Man hatte mir wohl gesagt, daß es so ausgehen würde. Aber ich bin immer so, ich bin eigensinnig, und sehe dann, daß ich Unrecht hatte. Es ist meine Schuld. Italiener, d. h. Schurke! Neapolitaner, d. h. Memme! Jedes Mal hat es meinen Vater gereut, wenn er sich eines Italieners bediente. Dieser Fabiani! Du siehst, Lady Jane, welchem Menschen du dich überlassen hast, unglückliches Kind! – Ich werde dich rächen! – O! ich hätte es zum Voraus wissen sollen, man kann in der Tasche eines Italieners nichts finden, als einen Dolch, und in der Seele eines Italieners nichts, als Verrat.

Fabiani Madame, ich schwöre Euch . . .

Königin Er wird gleich einen Meineid schwören! Er wird niederträchtig bis an's Ende sein; er wird uns ganz erröten machen vor diesen Männern, uns schwache Weiber, die wir ihn geliebt haben! Er wird nicht ein Mal das Haupt erheben!

Fabiani Doch Madame, ich werde es erheben. Ich bin verloren, ich sehe es wohl. Mein Tod ist beschlossen. Ihr werdet alle Mittel anwenden, den Dolch, das Gift . . .

Königin *faßt ihn bei den Händen und zieht ihn lebhaft auf den Vordergrund der Bühne:* Das Gift, den Dolch! Was sagst du da, Italiener? Die verräterische Rache, die schmähliche Rache, die Rache von hinten, die Rache, wie in deinem Lande! Nein, Signor Fabiano, weder Dolch noch Gift. Habe ich nötig, mich zu verbergen, mich in die Gassenecken des Nachts zu drücken und mich klein zu machen, wenn ich mich räche? Nein, wahrhaftig, ich will den hellen Tag, verstehst du, Mylord? den hellen Tag, die Sonne, den freien Platz, das Beil, den Block, das Volk in den Gassen, das Volk an den Fenstern, das Volk auf den Dächern, hunderttausend Zeugen! Ich will, daß man Furcht habe, hörst du, Mylord? daß man das prächtig, furchtbar und großartig finde und daß man sage: ein Weib ist beleidigt worden, aber eine Königin rächt sich! Dieser so beneidete Günstling, dieser schöne, stolze junge Mann, den ich mit Seide und Sammet bedeckte, ich will ihn gebrochen, wirr und zitternd auf den Knieen, auf einem schwarzen Tuche sehen, die Füße nackt, die Hände gebunden, unter dem Hohn des Volkes, unter den Fäusten des Henkers. Um diesen weißen Hals, um den ich eine goldne Kette hing, will ich einen Strick legen. Ich sah, wie dieser Fabiano sich auf einem Thron ausnahm; ich will sehen, wie er sich auf dem Schaffot ausnimmt!

Fabiani Madame . . .

Königin Kein Wort mehr! Ha, kein Wort mehr! Du bist wahrhaftig verloren, siehst du, du wirst das Schaffot besteigen, wie Suffolk und Northumberland. Das ist ein Fest, so gut wie ein anderes, welches ich meiner guten Stadt London gebe. Du weißt, wie sie dich haßt, meine gute Stadt. Bei Gott! es ist eine schöne Sache, wenn man sich rächen muß, Marie, Dame und Königin von England, Tochter Heinrich des Achten und Herrin von vier Meeren zu sein. Und wann du auf dem Schaffot stehst, Fabiani, kannst du nach deinem Belieben eine lange Rede an das Volk halten, wie Northumberland, oder ein langes Gebet zu Gott schicken, wie Suffolk, um die Gnade nicht zu spät kommen zu lassen. Der Himmel ist mein Zeuge, daß du ein Verräter bist und daß die Gnade nicht kommen wird. Dieser elende Schurke, der mir von Liebe sprach und diesen Morgen: Du! zu mir sagte! Mein Gott, meine Herren! Ihr scheint zu staunen, daß ich so vor Euch spreche; aber ich wiederhole es, was liegt mir daran? *Zu Lord Sommerset:* Mylord Herzog, Ihr seid der Befehlshaber des Turms, nehmt diesem Menschen seinen Degen ab.

Fabiani Hier ist er; aber ich protestiere. Gesetzt auch, es sei bewiesen, daß ich ein Weib hintergangen oder verführt habe . . .

Die Königin O, was liegt mir daran, ob du ein Weib verführt hast! – Kümmere ich mich denn darum? Diese Herren sind Zeugen, daß mir dies sehr gleichgültig ist.

Fabiani Ein Weib verführen ist keine Todsünde. Eure Majestät hat Trogmorton auf eine solche Anklage hin nicht können verurteilen lassen.

Die Königin Er trotzt uns noch, glaube ich, der Wurm wird zur Schlange. Und wer sagt dir denn, daß man dich deswegen anklagt?

Fabiani Wegen was klagt man mich denn an? Ich bin kein Engländer, ich bin kein Untertan Eurer Majestät. Ich bin Untertan des Königs von Neapel und Vasall des heiligen Vaters. Ich werde seinen Legaten, den Kardinal Polus, auffordern, mich zurück zu verlangen. Ich bin ein Fremder. Ich kann einer Untersuchung nur dann unterworfen werden, wenn ich ein Verbrechen begangen habe, ein wahres Verbrechen. – Worin besteht mein Verbrechen?

Die Königin Du fragst, worin dein Verbrechen besteht?

Fabiani Ja, Madame.

Die Königin Mylords, ihr hört alle die Frage, die an mich gerichtet wird; ihr sollt die Antwort hören. Gebt Acht und hütet euch alle, so viel ihr seid; denn ihr sollt sehen, daß ich nur mit dem Fuße zu stampfen brauche, um aus dem Boden ein Schaffot steigen zu lassen. – Chandos! Chandos! öffnet diese Flügeltüre. Der ganze Hof! Alle! Laßt Alle herein!

Die Türe im Hintergrund wird geöffnet, der ganze Hof tritt herein.

Achte Szene

Die Nämlichen, der **Lord Kanzler**, *der ganze Hof*

Die Königin Herein, herein, Mylords! Ich bin wahrhaftig erfreut, euch Alle heute bei mir zu sehen. – Gut, gut! die Männer der Gerechtigkeit, hierher! näher! – Wo sind die Gerichtsdiener der Lordkammer, Harriot und Clanerillo? Ah, hier! Meine Herrn, seid willkommen! Zieht eure Degen, stellt euch zur Rechten und Linken dieses Menschen, er ist euer Gefangener.

Fabiani Madame, worin besteht mein Verbrechen?

Die Königin Mylord Gardiner, mein gelehrter Freund, Ihr seid Kanzler von England, wir lassen Euch wissen, daß Ihr schnell die zwölf Lords der Sternkammer zu versammeln habt. Wir bedauern, sie nicht hier zu sehen. Es geschehen seltsame Dinge in diesem Palast. Hört, Mylords, Madame Elisabeth hat unsrer Krone schon mehr als einen Feind erregt. Wir hatten das Komplott des Pietro Caro, der die Bewegung von Exeter veranlaßte und heimlich mit Madame Elisabeth mittelst einer auf eine Guitarre eingegrabenen Chiffer korrespondierte. Wir hatten den Verrat des Thomas Wyatt, der die Grafschaft Kent in Aufruhr brachte. Wir hatten den Aufstand des Herzogs von Suffolk, der nach der Niederlage der Seinigen in einem hohlen Baume ergriffen wurde. Wir haben heute einen neuen Versuch. Heute, diesen Morgen, verlangte ein Mann Gehör bei mir. Nach einigen Worten zückte er den Dolch auf mich. Ich fiel ihm zur rechten Zeit in den Arm. Lord Chandos und der Herr Vogt von Amont haben den Mann ergriffen. Er hat erklärt, er sei durch Lord Clanbrassil zu diesem Verbrechen getrieben worden.

Fabiani Durch mich? Das ist nicht wahr! O, doch das ist eine schändliche Geschichte! Dieser Mann ist nicht vorhanden. Man wird diesen Mann nicht finden. Wer ist er? Wo ist er?

Die Königin Er ist hier.

Gilbert *tritt mitten aus den Soldaten hervor, hinter welchen er verborgen stand* Ich bin es!

Die Königin In Folge der Erklärungen dieses Menschen, klagen wir, Marie, Königin, vor der Sternkammer diesen Menschen, Fabiano Fabiani, Grafen von Clanbrassil, des Hochverrats und eines königsmörderischen Versuches auf unsere königliche und geheiligte Person an.

Fabiani Königsmörder ich! Das ist ungeheuer! O, mir schwindelt! meine Augen flimmern! Was ist das für eine Falle? Wer du auch seist, Elender, wagst du zu behaupten, daß das, was die Königin gesagt hat, wahr sei?

Gilbert Ja.

Fabiani Ich habe dich zum Königsmord getrieben, ich?

Gilbert Ja.

Fabiani Ja! immer ja! Verdammnis! Ihr könnt nicht wissen, meine Herren, wie falsch das ist. Dieser Mensch kommt aus der Hölle. Unglücklicher! du willst mich vernichten, aber du weißt nicht, daß du dich zugleich vernichtest. Das Verbrechen, was du auf mich häufst, fällt auch auf dich. Du tötest mich, aber du stirbst. Mit einem Wort, Unsinniger, machst du zwei Köpfe fallen, meinen und deinen. Weißt du das?

Gilbert Ich weiß es.

Fabiani Mylords, dieser Mensch ist bezahlt.

Gilbert Durch Euch! Hier ist die mit Gold gefüllte Börse, die Ihr mir für das Verbrechen gegeben. Euer Wappen ist darauf gestickt.

Fabiani Gerechter Himmel! – Aber man zeigt den Dolch nicht vor, womit dieser Mensch, wie man sagt, die Königin töten wollte. Wo ist der Dolch?

Lord Chandos Hier.

Gilbert *zu Fabiani:* Es ist der Eurige. – Ihr habt mir ihn dazu gegeben. Man wird die Scheide bei Euch finden.

Lord Kanzler Graf von Clanbrassil, was habt Ihr zu antworten? Erkennt Ihr diesen Menschen?

Fabiani Nein.

Gilbert In der Tat, er hat mich nur des Nachts gesehen. – Laßt mich ihm ein Paar Worte in's Ohr sagen, das wird seinem Gedächtnis nachhelfen. *Er nahet sich Fabiani. Leise:* Du erkennst also heute Niemand, Mylord? den entehrten Mann so wenig, als das verführte Weib. Ha! die Königin rächt sich, aber der Mann aus dem Volke rächt sich auch. Du lachtest mich aus, glaube ich. Die Rache packt dich jetzt doppelt. Mylord, was sagst du dazu? – Ich bin Gilbert, der Arbeiter.

Fabiani Ja, ich erkenne Euch. – Ich erkenne diesen Menschen, Mylords. Seit dem Augenblick, wo ich mit ihm zu tun habe, weiß ich nichts mehr zu sagen.

Die Königin Er bekennt.

Lord Kanzler *zu Gilbert:* Nach dem normannischen Gesetze und dem 25. Artikel Heinrich des Achten rettet in Fällen des Majestätsverbrechens ersten Grades das Geständnis den Mitschuldigen nicht. Vergeßt nicht, daß in einem solchen Falle die Königin das Begnadigungsrecht nicht hat, und daß Ihr auf dem Schaffot sterben werdet, wie der, den Ihr anklagt. Besinnt Euch. Beharrt Ihr auf Allem, was Ihr gesagt habt?

Gilbert Ich weiß, daß ich sterben werde, und beharre dabei.

Jane *bei Seite:* O Gott! das ist entsetzlich geträumt, wenn es ein Traum ist.

Lord Kanzler *zu Gilbert:* Wollt Ihr Eure Erklärungen, die Hand auf dem Evangelium wiederholen? *Er hält Gilbert das Evangelienbuch hin, welcher die Hand darauf legt.*

Gilbert Ich schwöre, die Hand auf dem Evangelium und meinen nahen Tod vor Augen, daß dieser Mensch ein Mörder ist; daß dieser Dolch, welcher ihm gehört, zu dem Verbrechen gedient hat; daß diese Börse, welche sein ist, mir von ihm für das Verbrechen gegeben wurde. So soll mir Gott helfen! das ist die Wahrheit.

Lord Kanzler *zu Fabiani:* Mylord, was habt Ihr zu sagen?

Fabiani Nichts. – Ich bin verloren!

Simon Renard *leise zur Königin:* Eure Majestät hat nach dem Henker geschickt; er ist da.

Die Königin Gut. Laßt ihn herein.

Die Reihen der Edelleute öffnen sich, und der Henker tritt ein. Er ist in Schwarz und Rot gekleidet und trägt auf der Schulter ein langes Schwert in seiner Scheide.

Neunte Szene

Die Nämlichen, **der Henker**

Die Königin Mylord, Herzog von Sommerset, diese beiden Männer in den Turm! – Mylord Gardiner, unser Kanzler, ihr Prozeß mag morgen vor den zwölf Pairs der Sternkammer beginnen, und möge Gott das alte England schützen! Wir wollen, daß diese beiden Menschen verurteilt sind, ehe wir nach Oxford abreisen und nach Windsor, wo wir Ostern halten werden. *Zum Henker:* Tritt näher! Ich bin erfreut, dich zu sehen. Du bist ein guter Diener. Du bist alt. Du hast schon drei Herren gesehen. Es ist Herkommen, daß die Herren dieses Reiches bei ihrer Thronbesteigung dir ein Geschenk machen, so kostbar, als möglich. Mein Vater, Heinrich der Achte, gab dir die Diamantenspange seines Mantels. Mein Bruder Eduard gab dir einen Humpen von getriebenem Golde. Jetzt ist die Reihe an mir. Ich habe dir noch nichts gegeben, ich muß dir ein Geschenk machen. Komm näher! *Indem sie auf Fabiani zeigt:* Du siehst doch diesen Kopf? diesen jungen und reizenden Kopf? diesen Kopf, welcher diesen Morgen noch das Schönste, Teuerste und Köstlichste war, was ich auf der Welt hatte. Nun? diesen Kopf – du siehst ihn doch? sprich! Ich schenke ihn dir!

Dritte Handlung

Wer von Beiden?

Personen

Die Königin • Gilbert • Jane • Simon Renard • Joshua Farnaby • Meister Äneas Dulverton • Lord Clinton • ein **Kerkermeister**

Erste Abteilung

Ein Saal im Tower. Ein Spitzbogengewölbe, das von dicken Pfeilern getragen wird. Zur Rechten und Linken die niedrigen Türen von zwei Kerkern. Auf der rechten Seite eine Lücke, die auf die Themse, zur Linken eine andere, die auf die Straße geht. Auf jeder Seite eine verborgene Türe in der Mauer. Im Hintergrunde eine Galerie mit einem Erker, der mit Glasscheiben geschlossen ist und auf die äußern Höfe des Towers geht.

Erste Szene

Gilbert, Joshua

Gilbert Nun?

Joshua Ach!

Gilbert Keine Hoffnung?

Joshua Keine Hoffnung!

Gilbert geht an das Fenster.

Joshua O, du kannst von dem Fenster aus nichts sehen.

Gilbert Du hast dich erkundigt, nicht wahr?

Joshua Ich weiß es nur zu sicher!

Gilbert Es ist für Fabiani!

Joshua Es ist für Fabiani.

Gilbert Wie glücklich der Mensch ist! Fluch über mich!

Joshua Armer Gilbert! deine Reihe wird kommen. Heute er, morgen du.

Gilbert Was willst du sagen? Wir verstehen uns nicht. Wovon sprichst du?

Joshua Von dem Schaffot, das man eben aufschlägt.

Gilbert Und ich, ich spreche von Jane!

Joshua Von Jane?

Gilbert Ja, von Jane! Nur von Jane! Was liegt mir am Übrigen? Du hast also Alles vergessen? Du weißt also nicht mehr, daß ich, seit einem Monat an die Gitter meines Kerkers geklammert, sie bleich und in Trauer ohne Unterlaß um den Fuß dieses Turmes wanken sehe, der zwei Menschen einschließt, Fabiani und mich? Du weißt also nichts von meiner Qual, meinen Zweifeln, meiner Ungewißheit? Für wen von Beiden kommt sie? Ich frage mich das Tag und Nacht, armer Elender! Ich frug dich selbst, Joshua, und du versprachst mir gestern Abend, du wolltest versuchen, sie zu sehen und mit ihr zu sprechen. O, sprich! weißt du etwas? Kommt sie für mich oder für Fabiani?

Joshua Ich erfuhr, daß Fabiani bestimmt heute enthauptet werden sollte, und du morgen; und ich gestehe, daß ich seit dem Augenblicke wie verrückt bin, Gilbert. Das Schaffot hat mich Jane vergessen machen . . . dein Tod . . .

Gilbert Mein Tod! Was meinst du mit dem Wort? Mein Tod! Jane liebt mich nicht mehr, das ist er. Ich war tot seit dem Tag, wo ich nicht mehr geliebt wurde. O! wahrlich tot, Joshua. Das, was von mir noch lebt, verlohnt sich nicht der Mühe, die man sich morgen mit mir macht. O, sieh! du machst dir keinen Begriff von dem, was ein Mann ist, welcher liebt! Wenn man mir vor zwei Monaten gesagt hätte: Jane, deine fleckenlose, deine reine Jane, dein Stolz, deine Lilie, dein Kleinod, Jane wird sich einem Andern überlassen: wollt Ihr sie dann noch? – Ich hätte gesagt: Nein! ich möchte sie dann nicht mehr. Lieber tausend Mal den Tod für mich und sie! Und ich hätte den mit Füßen getreten, der so zu mir gesprochen hätte. Nun denn, ja, ich will sie! – Du siehst wohl, heute ist Jane nicht mehr die makellose Jane, die ich anbetete, die Jane, über deren Stirne ich kaum mit meinen Lippen zu hauchen wagte, Jane hat sich einem Andern überlassen, einem Elenden, ich weiß es, und doch – was liegt daran? ich liebe sie. Ich würde den Saum ihres Kleides küssen und sie um Vergebung bitten, wenn sie es wollte. Und wenn sie mit dem Andern in den Gossen der Straße läge, ich würde sie aufraffen und an mein Herz drücken, Joshua! – Joshua, ich würde nicht hundert Jahre meines Lebens, denn ich habe nur noch einen Tag, aber ich würde die Ewigkeit geben, die ich morgen haben werde, um sie noch ein Mal lächeln zu sehen, ein einziges Mal vor meinem Tod, und sie das angebetete Wort sagen zu hören, das sie sonst zu mir sagte: Ich liebe dich! – Joshua! Joshua! so ist das Herz eines Mannes, der liebt. Ihr glaubt, Ihr würdet das Weib töten, das Euch betrügt? Nein, Ihr würdet sie nicht töten, Ihr werdet Euch zu ihren Füßen setzen nach wie vor, nur werdet Ihr traurig sein. – Du findest mich schwach! Was hätte es mich geholfen, wenn ich Jane getötet hätte? O! ich habe das Herz voll unerträglicher Gedanken. O, wenn sie mich noch liebte! was liegt mir an all dem, was sie mir getan hat. Aber sie liebt Fabiani! Aber sie liebt Fabiani! Für Fabiani kommt sie! Nur das ist gewiß, daß ich sterben möchte. Habe Mitleid mit mir, Joshua!

Joshua Fabiani wird heute hingerichtet.

Gilbert Und ich morgen.

Joshua Gott ist am Ende aller Dinge.

Gilbert Heute werde ich an ihm, morgen wird er an mir gerächt.

Joshua Mein Bruder, da kommt Äneas Dulverton, der zweite Constabler des Turmes. Du mußt wieder hinein. Mein Bruder, ich werde dich diesen Abend wiedersehen.

Gilbert O! sterben, ohne geliebt, sterben, ohne beweint zu werden! Jane! . . . Jane! . . . Jane! . . . *Er geht in den Kerker zurück.*

Joshua Armer Gilbert! Mein Gott! wer hätte mir je gesagt, daß geschehen würde, was geschieht?

Er geht ab. Simon Renard und Meister Äneas treten auf.

Zweite Szene

Simon Renard, Meister Äneas Dulverton

Simon Renard Das ist sehr seltsam, wie Ihr sagt; aber was wollt Ihr? Die Königin ist toll, sie weiß nicht, was sie will. Man kann auf nichts rechnen, sie ist ein Weib. Ich möchte ein wenig wissen, was sie hier tut. Seht, das Herz eines Weibes ist ein Rätsel, dessen Auflösung Franz der Erste auf die Scheiben von Chambord schrieb:

Ein Weib sich ändert jeden Tag,
Ein Narr ist, wer ihm trauen mag.

Hört, Meister Äneas, wir sind alte Freunde. Es muß heute damit ein Ende werden. Alles hängt hier von Euch ab. Wenn man Euch aufträgt . . . *Er spricht leise mit Meister Äneas:* Zieht die Sache in die Länge, laßt sie auf eine geschickte Weise mißglücken. Wenn ich nur zwei Stunden vor mir habe, so geschieht diesen Abend, was ich will, und morgen kein Günstling mehr, ich bin allmächtig, und übermorgen seid Ihr Baronet und Lieutenant des Towers. Begriffen?

Meister Äneas Begriffen.

Simon Renard Gut. Ich höre kommen. Man darf uns nicht mehr beisammen sehen. Geht da hinaus. Ich gehe der Königin entgegen. *Sie trennen sich.*

Dritte Szene

***Ein Schließer** tritt vorsichtig ein, dann führt er Lady **Jane** herein.*

Schliesser Ihr seid da, wohin Ihr wolltet, Mylady. Hier sind die Türen der beiden Kerker. Jetzt meine Belohnung, wenn es Euch beliebt. *Jane macht ihr diamantnes Armband los und gibt es ihm.*

Jane Hier ist sie.

Schliesser Danke. Macht mich nicht verdächtig. *Er geht.*

Jane *allein:* Mein Gott! was tun? Ich war sein Verderben, ich muß ihn retten. O, nie! ich kann nicht. Ein Weib, das vermag nichts. Das Schaffot! das ist entsetzlich! Weg! keine Tränen mehr, Taten! – Aber, ich kann nicht! ich kann nicht! O mein Gott, erbarme dich meiner! Man kommt. Wer spricht da! Ich kenne diese Stimme. Die Stimme der Königin. Ach, Alles ist verloren! *Sie verbirgt sich hinter einem Pfeiler.*

Die Königin und Simon Renard treten ein.

Vierte Szene

***Die Königin, Simon Renard, Jane** versteckt*

Königin Ah! diese Veränderung wundert Euch? Ah! ich gleiche mir nicht mehr. Nun, was geht das Euch an? Das ist einmal so. Jetzt will ich seinen Tod nicht mehr.

Simon Renard Eure Majestät hatte gleichwohl gestern befohlen, daß die Hinrichtung heute Abend Statt finden sollte.

Königin So wie ich vorgestern befohlen hatte, daß die Hinrichtung gestern Statt finden sollte. Heute befehle ich, daß die Hinrichtung morgen Statt finden wird.

Simon Renard In der Tat, seit dem zweiten Advent-Sonntage, wo die Sternkammer ihr Urteil fällte und die beiden Verurteilten zum Turme zurückkamen, den Henker voran, die Axt nach ihrem Gesichte gekehrt, es sind jetzt drei Wochen her, verschiebt Eure Majestät die Sache jeden Tag auf den folgenden.

Königin Nun, begreift Ihr denn nicht, was das bedeutet, mein Herr? Muß ich Euch Alles sagen, und muß ein Weib ihr Herz Euch nackt hinlegen, weil sie Königin ist, die Unselige, und weil Ihr hier den Prinzen von Spanien, meinen zukünftigen Gemahl, vertretet? Mein Gott! Ihr wißt das nicht, ihr Andern, das Herz eines Weibes ist so gut schamhaft, als ihr Leib. Ja denn, weil Ihr es wissen wollt, weil Ihr Euch stellt, als begriffet Ihr nichts, ja, ich verschiebe jeden Tag die Hinrichtung Fabiani's auf den folgenden, weil jeden Morgen, seht Ihr, mich die Kraft bei dem Gedanken verläßt, daß die Glocke des Londoner Turms diesen Menschen zu Grabe läuten wird, weil ich ohnmächtig werde bei dem Gedanken, daß man eine Axt für diesen Menschen schleift, weil ich sterbe, wenn ich denke, daß man eine Bahre für diesen Menschen zusammenschlägt, weil ich ein Weib bin, weil ich schwach, weil ich toll bin, weil ich diesen Menschen liebe, wahrhaftig! – Habt Ihr genug? Seid Ihr befriedigt? Begreift Ihr? O! ich werde mich schon eines Tages an Euch rächen für Alles, was Ihr mich da sagen macht. Geht!

Simon Renard Es wäre aber doch Zeit, mit Fabiani ein Ende zu machen. Ihr werdet meinen königlichen Herrn, den Prinzen von Spanien, heiraten.

Königin Wenn der Prinz von Spanien nicht zufrieden ist, so mag er es sagen; wir heiraten einen Andern. Es fehlt uns nicht an Freiern. Der Sohn des römischen Königs, der Fürst von Piemont, der Infant von Portugal, der Kardinal Polus, der König von Dänemark und Lord Curtnay sind eben so gute Edelleute, als er.

Simon Renard Lord Curtnay! Lord Curtnay!

Königin Ein englischer Baron, Herr, wiegt einen Prinzen auf. Außerdem stammt Lord Curtnay von den Kaisern des Orients ab. Und dann, ärgert Euch, wenn Ihr wollt.

Simon Renard Fabiani ist in London von Allem gehaßt, was ein Herz hat.

Königin Mich ausgenommen.

Simon Renard Die Bürger sind mit den Herren einig. Wenn er heute nicht hingerichtet wird, wie Eure Majestät versprochen hat . . .

Königin Nun?

Simon Renard So wird das Gesindel einen Auflauf machen.

Königin Ich habe meine Lanzknechte.

Simon Renard Es wird eine Verschwörung unter den Herren geben.

Königin Ich habe den Henker.

Simon Renard Eure Majestät hat auf das Gebetbuch Ihrer Mutter geschworen, daß sie ihn nicht begnadigen würde.

Königin Hier ist ein Freibrief, den er mir überschickt, und worin ich ihm auf meine königliche Krone schwöre, daß ich es tun werde. Die Krone meines Vaters ist so viel wert, als das Gebetbuch meiner Mutter. Ein Eid hebt den andern. Übrigens, wer sagt Euch denn, daß ich ihn begnadigen werde?

Simon Renard Er hat Euch sehr frech betrogen, Madame.

Königin Was geht das mich an? Alle Männer machen es ebenso. Ich will nicht, daß er stirbt. Seht, Mylord – Herr Vogt, wollte ich sagen – mein Gott! Ihr macht mir den Kopf so wirr, daß ich in Wahrheit nicht mehr weiß, mit wem ich spreche, – seht, ich weiß Alles, was Ihr mir sagen werdet. Daß er ein erbärmlicher Mensch, eine Memme, ein Schurke ist: ich weiß es so gut, als Ihr, und ich erröte darüber; aber ich liebe ihn. Was soll ich machen? Einen wackeren Mann würde ich vielleicht weniger lieben. Außerdem, wer seid ihr alle denn, so viel ihr seid? Seid Ihr mehr wert, als er? Ihr werdet mir sagen, daß er ein Günstling ist und daß das englische Volk die Günstlinge nicht liebt. Weiß ich denn nicht, daß Ihr ihn nur stürzen wollt, um an seinen Platz den Grafen von Kildare, diesen Geck, diesen Irländer, zu bringen? Und wenn er zwanzig Köpfe täglich fallen macht, was geht das Euch an? Und sprecht mir nur nicht von dem Prinzen von Spanien. Ihr lacht selbst darüber. Sprecht mir nicht von dem Mißvergnügen des Herrn von Noailles, des französischen Gesandten. Herr von Noailles ist ein Dummkopf, und ich werde es ihm selbst sagen. Endlich, ich bin ein Weib, ich will und will nicht, ich bin nicht aus einem Stücke. Das Leben dieses Menschen ist meinem Leben notwendig. Schneidet doch nicht ein so jungfräuliches und aufrichtiges Gesicht, ich bitte Euch. Ich kenne alle Eure Schliche. Unter uns, Ihr wißt so gut, als ich, daß er das Verbrechen nicht begangen hat, wofür er verdammt wurde. Das ist abgekartet. Ich will nicht, daß Fabiani stirbt. Bin ich Herrin, oder nicht? Seht, Herr Vogt, sprechen wir von etwas Anderem, wollt Ihr?

Simon Renard Ich ziehe mich zurück, Madame. Euer ganzer Adel hat durch meinen Mund gesprochen.

Königin Was kümmert mich der Adel!

Simon Renard *bei Seite:* So versuchen wir es mit dem Volke. *Er geht mit einer tiefen Verbeugung ab.*

Königin *allein:* Er ist mit einer sonderbaren Miene hinausgegangen. Der Mensch ist im Stande, etwas in Bewegung zu bringen. Ich muß schnell nach dem Stadthause. – He, Jemand!

Meister Äneas und Joshua treten auf.

Fünfte Szene

Die Königin, Meister Äneas, Joshua

Königin Seid Ihr es, Meister Äneas? Dieser Mann und Ihr müßt sogleich für die Flucht des Grafen Clanbrassil sorgen.

Meister Äneas Madame . . .

Königin Halt, ich vertraue mich Euch nicht an. Ich erinnere mich, daß Ihr zu seinen Feinden gehört. Mein Gott! ich bin also nur von Feinden des Mannes umgeben, den ich liebe. Ich wette, der Schließer da, den ich nicht kenne, haßt ihn auch.

Joshua So ist es, Madame.

Königin Mein Gott! mein Gott! dieser Simon Renard ist mehr König, als ich Königin. Wie! Niemand hier, dem ich mich anvertrauen, Niemand, dem ich Vollmacht geben könnte, um Fabiani entwischen zu lassen!

Jane *tritt hinter dem Pfeiler hervor:* Doch, Madame! Ich!

Joshua *bei Seite:*Jane

Königin Du? wer du? Ihr seid es, Jane Talbot? Wie kommt Ihr hierher? Ah! das ist gleichgültig, Ihr seid da. Ihr kommt, Fabiani zu retten. Danke. Ich sollte Euch hassen, Jane, ich sollte eifersüchtig auf Euch sein, ich habe tausend Gründe. Aber nein, ich liebe Euch aus Liebe zu ihm. Dem Schaffot gegenüber keine Eifersucht mehr, nichts als Liebe. Ihr seid wie ich. Ihr verzeiht ihm, ich sehe es wohl. Die Männer, sie begreifen das nicht. Lady Jane, verständigen wir uns. Wir sind beide sehr unglücklich, nicht wahr? Man muß Fabiani entwischen lassen. Ich habe nur Euch, ich muß Euch wohl dazu brauchen. Ich bin wenigstens sicher, daß Euer Herz dabei sein wird. Übernehmt es. Meine Herrn, ihr Beide gehorcht

Lady Jane in Allem, was sie euch vorschreiben wird, und haftet mir mit eurem Kopfe für die Befolgung ihrer Befehle. Umarme mich, mein Kind.

Jane Die Themse bespült den Fuß des Turmes auf dieser Seite. Es ist da ein geheimer Ausgang, den ich bemerkt habe. Ein Schiff da vor, und die Flucht macht sich auf der Themse. Das ist das Sicherste.

Meister Äneas Unmöglich einen Nachen vor einer guten Stunde zu haben.

Jane Das ist sehr lang.

Meister Äneas Es ist bald vorbei. Außerdem ist es in einer Stunde finster. Es ist besser so, wenn Eure Majestät wünscht, daß die Flucht insgeheim vor sich gehe.

Königin Ihr habt vielleicht Recht. Nun, in einer Stunde sei es! Ich verlasse Euch, Lady Jane, ich muß auf das Stadthaus. Rettet Fabiani!

Jane. Seid ruhig, Madame.

Die Königin geht ab. Jane folgt ihr mit den Augen.

Joshua *auf dem Vordergrund der Bühne:* Gilbert hatte Recht, ganz für Fabiani.

Sechste Szene

Die Nämlichen, die Königin ausgenommen

Jane *zu Meister Äneas:* Ihr habt den Willen der Königin gehört. Einen Nachen an den Fuß des Turms, die Schlüssel zu den geheimen Gängen, einen Hut und einen Mantel.

Meister Äneas Unmöglich das Alles vor Nacht zu haben. In einer Stunde, Mylady.

Jane Gut. Geht. Laßt mich mit diesem Manne allein.

Meister Äneas geht, Jane folgt ihm mit den Augen.

Joshua *bei Seite auf dem Vordergrund der Bühne:* Diesem Manne! Das ist ganz einfach. Wer Gilbert vergessen hat, erkennt Joshua nicht mehr. *Er geht nach der Türe von Fabiani's Kerker und schickt sich an, sie zu öffnen.*

Jane Was macht Ihr da?

Joshua Ich komme Euren Wünschen zuvor, Mylady. Ich öffne diese Türe.

Jane Was ist das für eine Türe?

Joshua Die Türe des Kerkers von Mylord Fabiani.

Jane Und diese da?

Joshua Ist die Kerkertüre eines Andern.

Jane Wessen? Dieser Andere?

Joshua Ein anderer zum Tode Verurteilter, Jemand, den Ihr nicht kennt. Ein Arbeiter, Namens Gilbert.

Jane Öffnet diese Türe!

Joshua *nachdem er die Türe geöffnet:* Gilbert!

Siebente Szene

Jane, Gilbert, Joshua

Gilbert *ruft aus dem Kerker:* Wer ruft mir? *Er tritt auf die Schwelle, erblickt Jane und hält sich wankend an der Mauer.* Jane! – Lady Jane Talbot!

Jane *auf den Knien, ohne die Augen aufzuschlagen:* Gilbert, ich komme Euch zu retten.

Gilbert Mich retten!

Jane Hört! Habt Erbarmen, zermalmt mich nicht. Ich weiß Alles, was Ihr mir sagen werdet. Es ist gerecht; aber sagt es mir nicht. Ich muß Euch retten. Alles ist bereit. Die Flucht ist sicher. Laßt Euch von mir retten, so gut wie von einem Andern. Ich verlange sonst nichts. Ihr werdet mich dann nicht mehr kennen. Ihr werdet nicht wissen, wer ich bin. Verzeiht mir nicht, aber laßt mich Euch retten. Wollt Ihr?

Gilbert Ich danke; es ist unnütz. Zu was mich retten wollen, Lady Jane, wenn Ihr mich nicht mehr liebt?

Jane *freudig:* O Gilbert! ist es das in Wahrheit, was Ihr verlangt? Gilbert! würdigt Ihr mich noch, Euch mit dem zu beschäftigen, was in dem Herzen des armen Mädchens vorgeht? Gilbert! liegt Euch noch etwas an der Liebe, die ich für irgend Jemand haben könnte, und dünkt es Euch der Mühe wert, darnach zu fragen? O! ich dachte, daß Euch das sehr gleichgültig wäre und daß Ihr mich zu sehr verachtetet, um Euch um das zu kümmern, was ich mit meinem Herzen machte. Gilbert! wenn Ihr wüßtet, was mich die Worte fühlen machen, die Ihr mir sagtet! Das ist ein sehr unerwarteter Sonnenstrahl in meiner Nacht. O! hört mich doch dann. Wenn ich es noch wagte, mich Euch zu nähern, wenn ich es wagte, Eure Kleider zu berühren, wenn ich es wagte, Eure Hände in die meinigen zu nehmen, wenn ich es noch wagte, die Augen zu Euch und dem Himmel aufzuschlagen, wie sonst: wißt Ihr, was ich sagen würde, knieend, niedergeworfen, weinend zu Euren Füßen, Seufzer auf den Lippen und die Freude der Engel im Herzen? Ich würde Euch sagen: Gilbert, ich liebe dich!

Gilbert *faßt sie heftig in seine Arme:* Du liebst mich?

Jane Ja, ich liebe dich!

Gilbert Du liebst mich! – Sie liebt mich, mein Gott! Es ist wahr, sie ist es, die mir es sagt, ihr Mund ist es, der sprach, Gott im Himmel!

Jane Mein Gilbert!

Gilbert Du hast Alles für meine Flucht vorbereitet, sagst du? Schnell! schnell! Das Leben! Ich will leben, Jane liebt mich! Dieses Gewölbe senkt sich auf meinen Kopf und zerdrückt ihn. Ich brauche Luft. Fliehen wir schnell! Fort, Jane! Ich will leben – ich werde geliebt!

Jane Noch nicht. Wir haben einen Nachen nötig. Wir müssen die Nacht abwarten. Aber sei ruhig, du bist gerettet. Ehe eine Stunde vergeht, sind wir draußen. Die Königin ist auf dem Stadthaus und kommt nicht sobald zurück. Ich bin hier Herrin; ich werde dir Alles erklären.

Gilbert Eine Stunde warten, das ist sehr lang. O, ich bin ungeduldig, Leben und Freude wieder zu fassen! Jane! Jane! du bist da! Ich werde leben, du liebst mich! Ich komme aus der Hölle, halte mich, ich könnte tolles Zeug machen, siehst du. Ich möchte lachen, möchte singen. Du liebst mich also?

Jane Ja! – Ich liebe dich! Ja, ich liebe dich! Und sieh', Gilbert, glaube mir, ich spreche die Wahrheit, wie auf dem Todesbette, – ich habe immer nur dich geliebt! Selbst in meiner Sünde, selbst in der Tiefe meines Verbrechens liebte ich dich! Kaum war ich in die Arme des Teufels gefallen, der mich verführte, als ich meinen Engel beweinte.

Gilbert Vergessen! verziehen! Sprich nicht davon, Jane. O, was liegt mir an dem Vergangenen! Wer könnte deiner Stimme widerstehen! Wer würde anders handeln, als ich! O ja! ich verzeihe dir Alles, mein geliebtes Kind! Das Wesen der Liebe ist Nachsicht, ist Verzeihung. Jane, die Eifersucht und die Verzweiflung haben die Tränen in meinen Augen getrocknet. Aber ich verzeihe dir, aber ich danke dir, aber du bist für mich der einzige Lichtstrahl in dieser Welt, aber bei jedem Worte, das du sprichst, fühle ich einen Schmerz in meiner Seele sterben und eine Freude darin geboren werden! Jane! erhebt Euer Haupt, steht gerade so hin und seht mich an. – Ich sage dir, daß du mein Kind bist.

Jane Immer großmütig! Immer! mein geliebter Gilbert!

Gilbert O! ich möchte schon draußen sein auf der Flucht, weit, weit, frei mit dir! O! diese Nacht, die nicht kommen will! – Der Nachen ist nicht da. – Jane! wir verlassen London sogleich, noch diese Nacht. Wir verlassen England. Wir gehen nach Venedig. Mit meinem Handwerk verdient man viel Geld da. Du wirst mir gehören. – O! mein Gott! ich bin unsinnig, ich vergaß, welchen Namen du führst! Er ist zu schön, Jane!

Jane Was willst du sagen?

Gilbert Tochter des Lord Talbot.

Jane Ich weiß einen schöneren.

Gilbert Welchen?

Jane Weib des Arbeiters Gilbert.

Gilbert Jane! . . .

Jane O nein! glaube nicht, daß ich das verlange. O! ich weiß wohl, daß ich unwürdig bin. Ich werde meine Augen so hoch nicht erheben; ich werde nicht so weit die Verzeihung mißbrauchen. Der arme Arbeiter Gilbert wird sich nicht zu der Gräfin von Waterford herablassen. Nein, ich werde dir folgen, dich lieben, ich werde dich nie verlassen. Ich will mich des Tags zu deinen Füßen, des Nachts vor deine Türe legen. Ich werde dir zusehen arbeiten, ich werde dir helfen, ich werde dir reichen, was du brauchst. Ich werde dir etwas weniger, als eine Schwester, und etwas mehr als ein Hund sein. Und wenn du dich verheiratest, Gilbert, – denn es wird Gott gefallen, daß du endlich ein fleckenloses Weib findest, das deiner würdig ist, – wenn du dich verheiratest und wenn dein Weib gut ist, und wenn sie es wohl will, werde ich die Magd deines Weibes sein. Wenn sie mich nicht will, werde ich gehen und sterben, wo ich kann. Ich werde dich nur in dem Falle verlassen. Wenn du dich nicht verheiratest, werde ich bei dir bleiben, ich will still und ruhig sein, du sollst sehen, und wenn man Böses denkt, mich so bei dir zu sehen, so mag man denken, was man will. Ich brauche nicht mehr rot zu werden, siehst du! Ich bin ein armes Mädchen.

Gilbert *fällt ihr zu Füßen:* Du bist ein Engel! Du bist mein Weib!

Jane Dein Weib! Du verzeihest also nur, wie Gott, indem du heiligst? Ah! sei gesegnet, Gilbert, daß du mir diese Krone auf die Stirne drückst.

Gilbert erhebt sich und preßt sie in die Arme. Während sie sich eng umschlossen halten, nimmt Joshua die Hand von Jane.

Joshua Es ist Joshua, Lady Jane.

Gilbert Guter Joshua!

Joshua Es ist kaum ein Augenblick, daß Ihr mich nicht kanntet.

Jane Ah! denn ich mußte mit ihm den Anfang machen.

Joshua küßt ihr die Hände.

Gilbert *preßt sie in seine Arme:* Aber welch Glück! Aber ist denn all dies Glück auch wirklich?

Seit einigen Augenblicken hört man außen ein entferntes Getös, verwirrte Stimmen, einen Auflauf. Der Tag geht zu Ende.

Joshua Was ist das für ein Lärm? *Er tritt an das Fenster, welches auf die Straße geht.*

Jane O mein Gott, wenn nur nichts vorfällt!

Joshua Ein großer Haufe da unten; Hacken, Piken, Fackeln. Die Soldaten der Königin zu Pferd und in Schlachtordnung. Alles kommt hierher. Welch Geschrei! Teufel! Man sollte meinen es sei ein Volksauflauf.

Jane Wenn es nur nicht Gilbert gilt!

Entfernte Stimmen Fabiani! Tod dem Fabiani!

Jane Hört Ihr?

Joshua Ja.

Jane Was riefen sie?

Joshua Ich unterscheide nichts.

Jane O mein Gott, mein Gott!

Meister Äneas und ein Schiffer treten eilig durch die verborgene Türe herein.

Achte Szene

*Die Nämlichen, **Meister Äneas, ein Schiffer***

Meister Äneas Mylord Fabiani! Mylord! Ihr habt keinen Augenblick zu verlieren. Man hat erfahren, daß die Königin Euch retten wollte. Das Volk ist in London im Aufruhr. In einer Viertelstunde seid Ihr zerrissen. Mylord, rettet Euch! Hier ist ein Mantel, ein Hut. Hier die Schlüssel. Hier der Schiffer. Vergeßt nicht, daß Ihr mir das Alles verdankt. Mylord, eilt Euch! *Leise zum Schiffer:* Du eilst dich nicht.

Jane *bedeckt Gilbert eilig mit dem Mantel und dem Hut. Leise zu Joshua:* Himmel, wenn dieser Mann nur nicht . . .

Meister Äneas *sieht Gilbert in's Gesicht:* Aber wie! das ist nicht Lord Clanbrassil. Ihr befolgt die Befehle der Königin nicht, Mylady! Ihr laßt einen Andern entwischen!

Jane Alles ist verloren! . . . Ich hätte das voraussehen sollen! O Gott! mein Herr, es ist wahr, habt Erbarmen . . .

Meister Äneas *leise zu Jane:* Still! Fort! ich habe nichts gesagt, ich habe nichts gesehen. *Er zieht sich mit einem Anstrich von Gleichgültigkeit auf den Hintergrund der Bühne zurück.*

Jane Was sagt er? – Ah! die Vorsehung ist für uns! Ah! Alles will also Gilbert retten!

Joshua Nein, Lady Jane. Alles will Fabiani verderben.

Während dieser ganzen Szene nimmt das Getöse zu.

Jane Eilen wir uns, Gilbert! Komm schnell!

Joshua Laßt ihn allein gehn.

Jane Ihn verlassen!

Joshua Für einen Augenblick. Kein Weib in dem Nachen, wenn er glücklich landen soll. Es ist noch zu hell. Ihr seid weiß gekleidet. Ihr werdet euch wieder finden, wenn die Gefahr vorüber ist. Kommt mit mir hierher, und er da hinaus.

Jane Joshua hat Recht. Wo werde ich dich wieder finden, mein Gilbert?

Gilbert Unter dem ersten Bogen der Londoner Brücke.

Jane Gut. Schnell fort! Das Getöse verdoppelt sich. Ich wollte, du wärest weit weg!

Joshua Hier sind die Schlüssel. Ihr habt zwölf Türen von hier bis zum Rande des Wassers zu öffnen und zu schließen. Ihr habt eine gute Viertelstunde damit zu tun.

Jane Eine Viertelstunde! Zwölf Türen! Das ist entsetzlich!

Gilbert *umarmt sie:* Lebe wohl, Jane. Noch für wenige Augenblicke getrennt, und dann wieder eins für das Leben.

Jane Für die Ewigkeit. *Zum Schiffer:* Ich empfehle ihn Euch.

Meister Äneas *leise zum Schiffer:* Du eilst dich nicht, es könnte was vorfallen.

Gilbert geht mit dem Schiffer ab.

Joshua Er ist gerettet! Jetzt zu mir! Man muß den Kerker schließen. *Er schließt Gilberts Kerker.* Es ist geschehen. Kommt schnell hierher! *Er geht mit Jane durch die verborgene Türe ab.*

Meister Äneas *allein:* Der Fabiani ist in der Falle geblieben! Das ist ein sehr geschicktes Weibchen, was Meister Simon Renard sehr gut bezahlt haben würde. Aber wie wird die Königin die Sache aufnehmen? So lange es nicht auf mich fällt!

Simon Renard und die Königin treten mit großen Schritten durch die Galerie herein. Der Tumult hat fortwährend zugenommen. Die Nacht ist fast völlig hereingebrochen. – Geschrei, Fackeln, Lärm der Volkshaufen; Waffengeklirr, Schüsse, Pferdegetrappel. Mehrere Edelleute, das Schwert in der Faust, begleiten die Königin. Unter ihnen Clarence, der Herold von England, das königliche Banner tragend, und Jarretière, der Herold des Hosenbandordens, mit der Ordensfahne.

Neunte Szene

Königin, Simon Renard, Meister Äneas, Lord Clinton, die beiden Herolde, Herrn, Pagen usw.

Königin *leise zu Meister Äneas:* Ist Fabiani entwischt?

Meister Äneas Noch nicht!

Königin Noch nicht? *Sie sieht ihn mit einem furchtbaren Blick an.*

Meister Äneas *bei Seite:* Teufel!

Geschrei des Volkes *von außen:* Tod dem Fabiani!

Simon Renard Eure Majestät muß sogleich ihren Entschluß fassen. Das Volk will den Tod dieses Mannes. London steht in Flammen. Der Turm ist berannt. Der Aufstand ist furchtbar. Die Edlen sind an der Londoner Brücke in Stücke gehauen worden. Die Soldaten Eurer Majestät halten sich noch; aber Eure Majestät ist von Straße zu Straße getrieben worden, von dem Stadthause bis zum Tower. Die Anhänger Elisabeth's haben sich unter das Volk gemischt. Man sieht es an der Bösartigkeit des Aufstandes. Das Alles ist sehr drohend. Was befiehlt Eure Majestät?

Geschrei des Volkes Fabiani! Tod dem Fabiani! *Es wird stärker und nähert sich mehr und mehr.*

Königin Tod dem Fabiani! Mylords, hört ihr, wie das Volk heult? Man muß ihm einen Menschen vorwerfen. Das Volk will zu essen.

Simon Renard Was befiehlt Eure Majestät?

Königin Bei Gott, Mylords, mir deucht, ihr zittert alle um mich herum. Bei meiner Seele, muß euch ein Weib euer ritterliches Handwerk lehren! Zu Pferde, Mylords, zu Pferde! Schüchtert das Gesindel euch ein? Fürchten die Degen sich vor den Stöcken?

Simon Renard Laßt die Sache nicht weiter kommen. Gebt nach, Madame, so lange es noch Zeit ist. Ihr könnt jetzt noch sagen das »Gesindel«, in einer Stunde könntet Ihr sagen müssen »das Volk«.

Das Geschrei wird stärker, das Getöse nähert sich.

Königin In einer Stunde!

Simon Renard *geht auf die Galerie, indem er zurückkommt:* In einer Viertelstunde, Madame. Die erste Ringmauer des Turmes ist genommen. Noch ein Schritt, und das Volk ist hier.

Das Volk Zu dem Turm! Zu dem Turm! Fabiani! Tod dem Fabiani!

Königin Man hat wohl Recht, daß es ein furchtbares Ding sei, das Volk! Fabiano!

Simon Renard Wollt Ihr ihn in einem Augenblick vor Euren Augen zerrissen sehen?

Königin Aber wißt ihr auch, daß es schändlich ist, daß Keiner von euch sich rührt, meine Herrn! Im Namen des Himmels, verteidigt mich doch!

Lord Clinton Euch, ja, Madame; Fabiani, nein.

Königin O Himmel! Nun ja denn! Ich sage es ganz laut! Desto schlimmer! Fabiani ist unschuldig! Fabiani hat das Verbrechen nicht begangen, weshalb er verdammt wurde. Ich, und der da und der Arbeiter Gilbert, wir haben Alles getan, Alles erfunden, Alles angelegt. Reine Komödie. Wagt es, mich Lügen zu strafen, Herr Vogt! Jetzt, meine Herrn, werdet ihr ihn jetzt verteidigen? Er ist unschuldig, sage ich euch! Bei meinem Haupte, bei meiner Krone, bei meinem Gott, bei der Seele meiner Mutter, er ist unschuldig! Das ist so wahr, als es wahr ist, daß Ihr hier seid, Lord Clinton! Verteidigt ihn! Vernichtet sie, wie Ihr Thomas Wyatt vernichtet habt, mein alter Freund, mein guter Robert! Ich beschwöre Euch, es ist falsch, daß Fabiani die Königin wollte ermorden lassen.

Lord Clinton Es gibt noch eine Königin, die er ermorden wollte, sie heißt England.

Das Geschrei währt außen fort.

Königin Den Balkon! öffnet den Balkon! Ich will selbst dem Volke beweisen, daß er nicht schuldig ist!

Simon Renard Beweist ihm, daß er kein Italiener ist.

Königin Wenn ich denke, daß es ein Simon Renard ist, eine Kreatur des Kardinals Granvella, der es wagt, so mit mir zu sprechen! Nun denn, öffnet diese Türe! öffnet diesen Kerker! Fabiani ist darin, ich will mit ihm sprechen.

Simon Renard *leise:* Was macht Ihr? Um seines eigenen Besten willen ist es überflüssig, alle Welt wissen zu lassen, wo er sich befindet.

Das Volk Tod dem Fabiani! Es lebe Elisabeth!

Königin Mein Gott! mein Gott!

Simon Renard Wählt, Madame! *Er deutet mit der einen Hand auf die Türe des Kerkers.* Entweder diesen Kopf dem Volke – *er deutet mit der andern Hand auf die Krone, welche die Königin trägt* – oder diese Krone der Dame Elisabeth.

Das Volk Tod! Tod Fabiani! Elisabeth!

Ein Stein zerschlägt die Fensterscheibe neben der Königin.

Simon Renard Eure Majestät richtet sich zu Grunde, ohne ihn zu retten. Der zweite Hof ist genommen. Was will die Königin?

Königin Ihr alle seid Memmen, und Clinton die größte! Ach! Clinton, ich werde daran denken, mein Freund!

Simon Renard Was will die Königin?

Königin O, von Allen verlassen zu sein! Alles gesagt zu haben, ohne etwas zu erhalten. Was sind denn doch diese Edelleute da? Dieses Volk ist schändlich. Ich möchte es unter meinen Füßen zermalmen. Es gibt also Lagen, wo eine Königin nichts ist, als ein Weib! Ihr sollt mir es alle teuer bezahlen, meine Herrn!

Simon Renard Was will die Königin?

Königin *niedergebeugt:* Was Ihr wollt! Tut, was Ihr wollt! Ihr seid ein Mörder! *Bei Seite:* Oh Fabiano!

Simon Renard Clarence! Jarretière! Her zu mir! Meister Äneas, öffnet den großen Balkon auf der Galerie!

Der Balkon im Hintergrunde öffnet sich. Simon Renard geht hin, Clarence zur Rechten, Jarretière zur Linken. Unermeßliches Getöse von außen.

Das Volk Fabiani! Fabiani!

Simon Renard *auf dem Balkon, nach dem Volke gewendet:* Im Namen der Königin!

Die Herolde Im Namen der Königin.

Tiefe Stille außen.

Simon Renard Ihr Männer! Die Königin läßt euch wissen: Heute, diese Nacht noch, eine Stunde nach dem Nachtläuten soll Fabiano Fabiani, Graf von Clanbrassil, mit einem schwarzen Schleier, von Kopf bis zu Füßen bedeckt, mit einem eisernen Knebel geknebelt, eine Kerze von gelbem Wachs, drei Pfund schwer, in der Hand, unter Fackelschein vom

Londoner Turm durch Charing-Cross auf den alten Stadtmarkt geführt, daselbst öffentlich gestäupt und enthauptet werden, zur Strafe für das Verbrechen des Hochverrats im ersten Grade und des königsmörderischen Angriffes auf die geheiligte Person Ihrer Majestät.

Ein unermeßliches Händeklatschen erhebt sich außen.

Das Volk Es lebe die Königin! Tod dem Fabiani!

Simon Renard *fährt fort:* Und damit es Jedermann in der Stadt London wisse, befiehlt die Königin, wie folgt: So lange der Verurteilte den Weg vom Londoner Turm bis zum alten Markt zurücklegt, wird mit der großen Glocke des Turmes geläutet. Im Augenblicke der Hinrichtung werden drei Kanonenschüsse abgefeuert: der erste, wenn er auf das Schaffot steigt; der zweite, wenn er sich auf das schwarze Tuch legt; der dritte, wenn sein Kopf fällt.

Beifall.

Das Volk Lichter! Lichter!

Simon Renard Diese Nacht werden der Turm und die Stadt London zum Zeichen der Freude mit Lichtern und Fackeln erleuchtet. Ich habe es gesagt.

Beifall.

Gott schütze die alte Charte von England.

Die Herolde Gott schütze die alte Charte von England!

Das Volk Tod dem Fabiani! Es lebe Marie! Es lebe die Königin!

Der Balkon wird geschlossen. Simon Renard kommt zur Königin zurück.

Simon Renard Was ich eben getan habe, wird mir nie von der Prinzessin Elisabeth verziehen werden.

Königin Noch von der Königin Marie. – Laßt mich, mein Herr.

Sie verabschiedet mit einer Bewegung alle Anwesende.

Simon Renard *leise zu Meister Äneas:* Meister Äneas, wacht über die Hinrichtung!

Meister Äneas Verlaßt Euch auf mich.

Simon Renard geht ab. Im Augenblick, wo Meister Äneas hinausgehen will, läuft die Königin auf ihn zu, ergreift ihn am Arm und führt ihn heftig auf den Vordergrund der Bühne zurück.

Zehnte Szene

Die Königin, Meister Äneas

Stimmen von Außen Tod dem Fabiani! Fabiani! Fabiani!

Königin Welcher Kopf deucht dir in diesem Augenblicke mehr wert zu sein, der von Fabiani oder der deinige?

Meister Äneas Madame . . .

Königin Du bist ein Verräter!

Meister Äneas Madame! *Bei Seite:* Teufel!

Königin Keine Erklärungen. Ich schwöre es bei meiner Mutter: Fabiano tot, du tot.

Meister Äneas Aber Madame . . .

Königin Rette Fabiano und du rettest dich. Nichts anders.

Geschrei Tod dem Fabiani! Fabiani!

Meister Äneas Lord Clanbrassil retten! Aber das Volk ist da, das ist unmöglich. Welches Mittel? . . .

Königin Suche.

Meister Äneas Was tun, mein Gott!

Königin Tue, als wäre es für dich.

Meister Äneas Aber das Volk bleibt unter den Waffen bis nach der Hinrichtung. Man muß Jemand köpfen, um es zu beruhigen.

Königin Wie du willst.

Meister Äneas Wie ich will? Wartet, Madame! . . . Die Hinrichtung findet des Nachts Statt, bei Fackelschein, der Verdammte, mit einem schwarzen Schleier bedeckt, geknebelt, das Volk wie immer durch die Lanzenknechte weit vom Schaffot gehalten, es genügt, wenn es einen Kopf fallen sieht. Die Sache ist möglich. – Wenn der Schiffer noch da ist; ich sagte ihm, er solle sich nicht eilen. *Er geht an das Fenster, von dem man die Themse sieht.* Er ist noch da; aber es war Zeit. *Er hängt sich zum Fenster hinaus, eine Fackel in der Hand und schwenkt sein Schnupftuch, dann sich zur Königin wendend.* – Es ist gut. – Ich stehe Euch für das Leben des Mylord Fabiani.

Königin Mit deinem Kopfe?

Meister Äneas Mit meinem Kopfe!

Zweite Abteilung

Ein Saal, auf welchen zwei Treppen gehen, wovon die eine auf-, und die andere abwärts führt. Der Ausgang auf jede dieser beiden Treppen nimmt einen Teil des Hintergrundes ein. Die aufwärts führende Treppe verliert sich in den Friesen, die abwärts führende verliert sich nach unten. Man sieht weder, woher diese Treppen kommen, noch wohin sie gehen. –

Der Saal ist auf eine eigene Art ausgeschlagen; die Mauer zur Rechten, die Mauer zur Linken, und die Decke sind mit einem schwarzen Tuche bedeckt, das von einem großen weißen Kreuze durchschnitten wird; der Hintergrund, dem Zuschauer gegenüber, ist dagegen mit einem weißen Tuche behängt, worauf sich ein großes schwarzes Kreuz befindet. Dieser schwarze und weiße Überzug erstreckt sich jeder auf seiner Seite bis unter die beiden Treppen. Zur Rechten und zur Linken ein schwarz und weiß gedeckter und für ein Leichenbegängnis geschmückter Altar. Große Wachskerzen, keine Priester. Einige Totenlampen, die hie und da an den Gewölben aufgehängt sind, erleuchten schwach den Saal und die Treppen. Eigentlich wird der Saal durch das große weiße Tuch im Hintergrunde erleuchtet, durch welches ein rötliches Licht fällt, als wäre eine ungeheure, glühende Esse dahinter. Der Saal ist mit Grabsteinen geplattet. Bei dem Aufziehen des Vorhangs sieht man auf dem durchsichtigen Tuch sich den schwarzen und unbeweglichen Schattenriß der Königin zeichnen.

Erste Szene

Jane, Joshua Sie treten vorsichtig durch eine besondere Türe herein, indem sie einen der schwarzen Umhänge aufheben.

Jane Wo sind wir, Joshua?

Joshua Auf dem großen Absatz der Treppe, welche die Verurteilten hinuntersteigen, wenn sie zum Tode geführt werden. Das ist unter Heinrich dem Achten so ausgeschlagen worden.

Jane Kein Weg, um aus dem Turm zu kommen?

Joshua Das Volk bewacht alle Ausgänge. Es will dies Mal seines Verdammten gewiß sein. Niemand kann vor der Hinrichtung hinaus.

Jane Die Verkündigung von diesem Balkon herunter tönt mir noch in den Ohren. Habt Ihr es gehört, als wir unten waren? Das Alles ist entsetzlich, Joshua.

Joshua Ah, da habe ich schon ganz andere Dinge gesehen!

Jane Wenn es nur Gilbert zu entkommen gelang! Glaubt Ihr, daß er gerettet ist, Joshua?

Joshua Gerettet? Gewiß!

Jane Gewiß, guter Joshua?

Joshua Der Turm ist vom Wasser her nicht beunruhigt worden. Und dann war der Aufruhr, als er abfuhr, nicht das, was er seitdem geworden ist. Das war ein schöner Aufruhr!

Jane Ihr seid gewiß, daß er gerettet ist?

Joshua Und daß er Euch zu dieser Stunde unter dem ersten Bogen der Londoner Brücke erwartet, wo Ihr ihn vor Mitternacht treffen werdet.

Jane Mein Gott! er wird unruhig sein. *Indem sie den Schatten der Königin bemerkt:* Himmel, was ist das, Joshua?

Joshua *leise, indem er sie bei der Hand faßt:* Still! -- Es ist die Löwin, die lauert.

Während Jane mit Schrecken den schwarzen Schattenriß betrachtet, hört man eine entfernte Stimme, die von oben herunter zu kommen scheint, langsam und deutlich folgende Worte sprechen:

Stimme Der, welcher hinter mir geht, mit diesem schwarzen Schleier bedeckt, ist der sehr hohe und sehr mächtige Herr Fabiano Fabiani, Graf von Clanbrassil, Baron von Dynasmonddy, Baron von Darmouth in Devonshire, welcher auf dem Markt von London als Königsmörder und Hochverräter enthauptet werden wird. – Gott erbarme sich seiner Seele!

Eine andere Stimme Betet für ihn!

Jane *zitternd:* Joshua, hört Ihr?

Joshua Ja. Ich höre dergleichen alle Tage.

Ein Leichenzug erscheint oben auf der Treppe, auf deren Stufen er sich langsam im Herabsteigen entwickelt. An der Spitze ein schwarz gekleideter Mann, der ein weißes Banner mit einem schwarten Kreuz trägt. Dann Meister Äneas Dulverton im großen schwarzen Mantel, den weißen Constablerstab in der Hand; dann ein Haufe rot gekleideter Hellebardiere. Dann der Henker, seine Axt auf der Schulter, das Eisen auf den, der ihm folgt, gerichtet. Dann ein Mann ganz in einen großen schwarzen Schleier gehüllt, der ihm nachschleppt. Man sieht von diesem Manne nichts als seinen nackten Arm, der durch eine in das Leichentuch gemachte Öffnung geht und eine brennende Kerze von gelbem Wachse trägt. Zur Seite dieses Mannes ein Priester im Totenkleide. Dann eine Truppe rot gekleideter Hellebardiere. Dann ein weißgekleideter Mann, der ein schwarzes Banner mit einem weißen Kreuze trägt. Zur Rechten und zur Linken zwei Reihen von Hellebardieren, die Fackeln tragen.

Jane Joshua, seht Ihr?

Joshua Ja. Ich sehe dergleichen alle Tage. Der Zug hält im Augenblick, wo er auf die Bühne tritt.

Meister Äneas Der, welcher hinter mir geht, mit diesem schwarzen Schleier bedeckt, ist der sehr hohe und sehr mächtige Herr Fabiano Fabiani, Graf von Clanbrassil, Baron von Dynasmonddy, Baron von Darmouth in Devonshire, welcher auf dem Markte von London als Königsmörder und Hochverräter enthauptet werden wird. – Gott erbarme sich seiner Seele!

Die beiden Bannerträger Betet für ihn!

Der Zug geht langsam über den Hintergrund der Bühne.

Jane Entsetzlich, was wir da sehen, Joshua. Es macht mir das Blut stocken.

Joshua Dieser elende Fabiani!

Jane Friede, Joshua! Sehr elend, aber sehr unglücklich!

Der Zug gelangt zur andern Treppe. Simon Renard, der seit einigen Augenblicken am Eingange dieser Treppe erschienen ist und Alles beobachtet hat, tritt auf die Seite, um ihn vorbeizulassen. Der Zug senkt sich unter das Treppengewölbe, wo er nach und nach verschwindet. Jane sieht ihm voll Schrecken nach.

Simon Renard *nachdem der Zug verschwunden ist:* Was bedeutet das? Ist das auch Fabiani? Ich hielt ihn für weniger groß. Sollte Meister Äneas? . . . Es ist mir, als hätte die Königin ihn einen Augenblick bei sich behalten. Ich will doch sehen! *Er eilt die Treppe hinunter dem Zuge nach.*

Eine Stimme *die sich mehr und mehr entfernt:* Der, welcher hinter mir geht, mit diesem schwarzen Schleier bedeckt, ist der sehr hohe und sehr mächtige Herr Fabiano Fabiani, Graf von Clanbrassil, Baron von Dynasmonddy, Baron von Darmouth in Devonshire, welcher auf dem Markte von London als Königsmörder und Hochverräter enthauptet werden wird. – Gott erbarme sich seiner Seele!

Eine andere Stimme *fast unvernehmbar:* Betet für ihn!

Joshua Die große Glocke wird sogleich seinen Austritt aus dem Turme verkündigen. Es wird Euch jetzt vielleicht möglich sein, hinauszukommen. Ich muß sehen, wie es gehen kann. Erwartet mich hier; ich komme gleich wieder.

Jane Ihr verlaßt mich, Joshua? Ich werde mich fürchten. Allein hier, mein Gott!

Joshua Ihr könntet nicht ohne Gefahr den ganzen Turm mit mir durchlaufen. Ich muß Euch zum Turme hinausschaffen. Bedenkt, daß Gilbert Euch erwartet.

Jane Gilbert! Alles für Gilbert! Geht! *Joshua ab.*

Jane *allein:* O welch schreckliches Schauspiel! Wenn ich denke, daß das so für Gilbert gewesen wäre! *Sie kniet auf den Stufen des einen Altares nieder.* O, Dank! du bist ja wahrlich der rettende Gott, du hast Gilbert gerettet!

Das Tuch im Hintergrund öffnet sich halb, die Königin erscheint, sie geht mit langsamen Schritten auf den Vordergrund der Bühne, ohne Jane zu sehen.

Jane *sich wegwendend:* Gott! die Königin.

Zweite Szene

Jane, die Königin*. Jane klammert sich vor Schrecken an den Altar und heftet auf die Königin einen starren, erschrockenen Blick.*

Königin *Sie blickt einige Augenblicke auf dem Vordergrund der Bühne, das Auge starr, bleich, wie in düsteres Träumen verloren. Endlich stößt sie einen tiefen Seufzer aus:* O, das Volk! *Sie sieht unruhig um sich und erblickt Jane.* Jemand da? – Du bist es, junges Mädchen? Ihr seid es, Lady Jane? Ich erschrecke Euch. Geht doch, fürchtet nichts. Ihr wißt, der Kerkermeister Äneas hat uns verraten. Fürchtet doch nichts, Kind, ich habe dir es schon gesagt, du hast nichts von mir zu fürchten. Was vor einem Monat dein Verderben war, ist heute dein Heil. Du liebst Fabiano. Nur du und ich hatten unter dem Himmel so ein Herz, du und ich liebten ihn. Wir sind Schwestern.

Jane Madame . . .

Königin Ja, ja! du und ich, zwei Weiber, das ist Alles, was er für sich hat; gegen sich – alles Übrige, eine ganze Stadt, ein ganzes Volk, eine ganze Welt! Ungleicher Kampf der Liebe gegen den Haß! Die Liebe für Fabiani ist traurig, zitternd, sinnlos; sie hat deine bleiche Stirne, sie hat meine Augen voll Tränen, sie verbirgt sich bei einem Totenaltar; sie betet durch deinen Mund, sie flucht durch den meinigen. Der Haß gegen Fabiani ist stolz, freudig, triumphierend, ist bewaffnet und siegreich, hat den Hof, hat das Volk, hat Straßen voll Menschenhaufen, brüllt nach Mord und jauchzt vor Freude, er ist stolz und gewaltig und allmächtig; er erleuchtet eine ganze Stadt um ein Schaffot. Die Liebe, hier ist sie, zwei Weiber in Trauer in einem Grabe; der Haß, da ist er! *Sie reißt heftig das Tuch im Hintergrunde weg, so daß man einen Balkon erblickt und weiter hinaus in schwarzer Nacht die Stadt London glänzend erleuchtet. Was man vom Tower sieht, ist ebenfalls erleuchtet, Jane richtet ihre Augen erstaunt auf dieses blendende Schauspiel, dessen Widerschein die Bühne erhellt.* O schändliche Stadt! rebellische Stadt! verfluchte Stadt! Ungeheuer, das sein Festkleid in Blut taucht und dem Henker die Fackel hält! Du entsetzest dich davor, Jane, nicht wahr? Ist es dir nicht wie mir, als ob sie uns feig höhnte und uns mit ihren hunderttausend glühenden Augensternen anstierte, uns schwache, verlassene Weiber, verloren und allein in diesem Grab? Jane, hörst du die entsetzliche Stadt, wie sie lacht und heult? O, England, England dem, der London vernichtet! O, wie möchte ich diese Fackeln in Brände, diese Lichter in Flammen und diese strahlende Stadt in einen Gluthaufen verwandeln können!

Ein ungeheures Getöse erhebt sich außen. Beifall.

Verwirrtes Geschrei Da ist er! da ist er! Tod dem Fabiani!

Man hört die große Glocke des Londoner Turms läuten; bei diesem Geräusch bricht die Königin in ein schreckliches Lachen aus.

Jane Großer Gott! jetzt geht der Elende hinaus. – Ihr lacht, Madame!

Königin Ja, ich lache! *Sie lacht.* Ja, und du mußt auch lachen! Aber zuvor muß ich diesen Vorhang schließen; es ist mir immer, als wären wir nicht allein und als hörte und sähe uns diese entsetzliche Stadt. *Sie schließt den weißen Vorhang und kommt zu Jane zurück.* Jetzt, da er hinaus, jetzt, da keine Gefahr mehr ist, kann ich dir es sagen. Aber lache doch; wir wollen über dieses abscheuliche Volk lachen, das Blut säuft. O, das ist entzückend! Jane! du zitterst für Fabiano; sei ruhig und lache mit mir. Jane! der Mann, den sie haben, der Mann, welcher sterben wird, der Mann, den sie für Fabiano halten, der ist nicht Fabiano. *Sie lacht.*

Jane Ist nicht Fabiano?

Königin Nein!

Jane Wer dann?

Königin Der Andere.

Jane Wer?

Königin Du weißt ja, du kennst ihn, dieser Arbeiter, dieser Mensch . . . – Übrigens was liegt daran?

Jane *bebt am ganzen Leibe:* Gilbert?

Königin Ja, Gilbert, das ist der Name.

Jane Madame! o nein, Madame! O, sagt, daß es nicht so ist, Madame! Gilbert – das wäre zu entsetzlich! Er ist entwischt.

Königin Er entwischte in der Tat, als man ihn ergriff. Man hat ihn statt Fabiani's unter den schwarzen Schleier gesteckt. Die Hinrichtung, sie ist Nachts, das Volk kann nichts sehen. Sei ruhig.

Jane *mit einem entsetzlichen Schrei:* Ah, Madame, Gilbert ist der, den ich liebe!

Königin Wie? Was sagst du? Kommst du um deine Sinne? Täuschtest du mich auch, du? Ah, diesen Gilbert liebst du! Nun denn, was liegt mir daran?

Jane *gebrochen, zu den Füßen der Königin, schluchzend, sich auf den Knien schleppend, die Hände ringend. Die große Glocke läutet während dieser ganzen Szene:* Madame, Erbarmen! Madame, im Namen des Himmels! Madame, bei Eurer Krone, bei Eurer Mutter, bei den Engeln!

Gilbert! Gilbert! Das macht mich toll. Madame, rettet Gilbert! Dieser Mann ist mein Leben, dieser Mann ist mein Gemahl, dieser Mann ... ich sage Euch, er hat Alles für mich getan, er hat mich erzogen, mich angenommen, er hat an meiner Wiege meinen Vater ersetzt, der für Eure Mutter gestorben ist. Madame, Ihr seht wohl, daß ich ein armes, elendes Geschöpf bin, und daß man nicht streng gegen mich sein darf. Was Ihr eben gesagt, war ein so schrecklicher Schlag, daß ich wahrhaftig nicht weiß, wie ich die Kraft habe, mit Euch zu reden. Seht, ich sage, was ich kann. Aber Ihr müßt die Hinrichtung aufschieben lassen. Sogleich die Hinrichtung aufschieben. Die Sache auf morgen verlegen. Zeit sich zu finden, das ist Alles. Dies Volk kann wohl bis morgen warten. Wir wollen sehen, was zu machen ist. Nein, schüttelt den Kopf nicht. Keine Gefahr für Euern Fabiani. Ihr könnt mich statt seiner nehmen. Unter dem schwarzen Schleier, die Nacht, – wer sollte was merken? Aber rettet Gilbert! Was macht Euch das, ich oder er? Endlich, ich will ja sterben, ich! – O mein Gott, diese Glocke, diese entsetzliche Glocke! Jeder dieser Glockenschläge ist ein Schritt zum Schaffot, jeder dieser Glockenschläge trifft mein Herz. – Tut das, Madame, habt Erbarmen! Keine Gefahr für Euren Fabiano. Laßt mich Eure Hände küssen. Ich liebe Euch, Madame, ich habe es Euch noch nicht gesagt; aber ich liebe Euch sehr. Ihr seid eine große Königin. Seht, wie ich Eure schönen Hände küsse. O, ein Befehl zum Aufschub der Hinrichtung! Es ist noch Zeit. Ich versichere Euch, es ist sehr leicht. Sie gehen langsam. Es ist weit vom Turm bis zum alten Markt. Der Mann auf dem Balkon hat gesagt, man würde durch Charing-Cross gehen. Es gibt einen nähern Weg. Ein Mann zu Pferde würde noch bei Zeit ankommen. Im Namen des Himmels, Madame, habt Erbarmen! Endlich, stellt Euch an meinen Platz, nehmt an, ich sei die Königin und Ihr das arme Mädchen, Ihr würdet weinen, wie ich, und ich würde barmherzig sein. Gnade, Madame! O! das fürchtete ich, die

Tränen möchten mich am Reden hindern. O! sogleich die Hinrichtung aufschieben, das ist nicht schwer, Madame; keine Gefahr für Fabiano, ich schwöre es Euch! Findet Ihr denn wirklich nicht, daß man tun muß, was ich da sage, Madame?

Königin *erweicht, indem sie Jane aufhebt:* Ich möchte es, Unglückliche. Ach! du weinst ja, wie ich weinte; was du empfindest, ich habe es empfunden. Meine Qual läßt mich Mitleid mit der deinigen haben. Sieh', ich weine auch. Das ist sehr unglücklich, armes Kind! Ohne Zweifel, man hätte wohl einen Andern nehmen können, Tyrconnel zum Beispiel; aber er ist zu bekannt, man brauchte einen Unbekannten. Man hatte nur den da zur Hand. Ich erkläre dir das, damit du begreifst, siehst du. O, mein Gott! es gibt so Zufälle. Man ist gefangen. Man kann nichts dazu.

Jane Ja, ich verstehe Euch wohl, Madame. Das ist wie bei mir, ich hätte Euch noch Manches zu sagen; aber ich wollte, der Befehl zum Aufschub wäre unterschrieben, und der Mann fortgeschickt. Seht, die Sache ist dann abgetan. Wir sprechen besser darnach. O, diese Glocke! immer diese Glocke!

Königin Unmöglich, Lady Jane.

Jane Doch, es ist möglich. Ein Mann zu Pferde. Es gibt einen sehr kurzen Weg an dem Staden hin. Ich will gehen, ich. Es ist möglich. Es ist leicht. Ihr seht, ich spreche ganz ruhig.

Königin Aber das Volk würde es nicht leiden, es würde zurückkommen, Alles im Turme ermorden, und Fabiani ist noch da. Begreife denn doch. Du zitterst, armes Kind; ich bin wie du, ich zittere auch. Stelle dich einmal an meinen Platz. Endlich, ich hätte wohl nicht nötig, mir die Mühe zu nehmen, dir das zu erklären. Du siehst, ich tue, was ich kann. Denke nicht mehr an diesen Gilbert, Jane, das ist aus. Fasse dich!

Jane Aus! Nein, es ist nicht aus! So lange diese schreckliche Glocke läutet, ist es nicht aus! Mich fassen bei dem Tod von Gilbert! Glaubt Ihr, ich würde Gilbert so sterben lassen? Nein, Madame! Ha, ich verliere meine Mühe! Ha, Ihr hört mich nicht! Nun denn, das Volk wird mich hören, wenn die Königin mich nicht hört! Ha, sie sind gut die Leute vom Volk! Das Volk ist noch in diesem Hofe. Ihr mögt dann mit mir machen, was Ihr wollt. Ich werde ihnen zuschreien, daß man sie betrügt und daß es Gilbert ist, ein Arbeiter, wie sie, und daß es nicht Fabiani ist.

Königin Halt, elendes Kind! *Sie ergreift sie am Arme und betrachtet sie mit einem furchtbaren Blick.* Ha! du nimmst es so? Ha! ich bin gut und sanft und ich weine mit dir, und jetzt wirst du toll und rasend. Ha! meine Liebe ist so groß wie deine, und meine Hand ist stärker, als deine. Du rührst dich nicht! Ah, dein Geliebter! Was geht mich dein Geliebter an? Sollen denn alle Mädchen England's kommen und Rechenschaft von mir wegen ihrer Geliebten fordern? Bei Gott! ich rette den meinigen, so gut ich kann, und auf Unkosten dessen, der mir in den Weg kommt. Wacht ihr über die eurigen!

Jane Laßt mich! – O, ich fluche Euch, abscheuliches Weib!

Königin Still!

Jane Nein, ich will nicht schweigen. Und soll ich Euch auch einen Gedanken sagen, der mir eben kommt? Ich glaube nicht, daß der, welcher sterben wird, Gilbert ist.

Königin Was sagst du?

Jane Ich weiß nicht. Aber ich sah ihn unter dem schwarzen Schleier vorbeigehen. Es ist mir, als müßte sich etwas in mir geregt, sich etwas empört, sich etwas in meinem Herzen erhoben und mir zugerufen haben: »Gilbert! es ist Gilbert!« wenn es Gilbert gewesen wäre. Ich habe nichts gefühlt, es ist nicht Gilbert!

Königin Was sagst du da? Ah, mein Gott! du bist wahnwitzig; was du sagst, ist toll und doch erschreckt es mich. Ah! du regst eine der geheimsten Qualen meines Herzens auf. Warum hat mich dieser Aufstand verhindert, selbst über Alles zu wachen! Warum habe ich Anderen, als mir selbst, Fabiano's Rettung anvertraut? Äneas Dulverton ist ein Verräter. Simon Renard war vielleicht da. Wenn ich nicht zum zweiten Mal von den Feinden Fabiano's verraten worden bin! Wenn es in der Tat Fabiano wäre! . . . Jemand! he, Jemand! Jemand! *Zwei Schließer treten auf. Zum ersten:* Ihr lauft! Hier ist mein königlicher Ring. Sagt, daß man die Hinrichtung aufschiebe. Auf den alten Markt den alten Markt! Es gibt einen kürzeren Weg, sagtest du, Jane?

Jane An dem Staden hin.

Königin *zum Schließer:* An dem Staden hin. Ein Pferd! schnell!

Der Schließer ab.

Zum zweiten Schließer: Ihr lauft sogleich zu dem Turme von Eduard. Es sind dort zwei Kerker für die zum Tode Verdammten. In einem dieser Kerker ist ein Mann. Bringt ihn sogleich her.

Der Schließer ab.

Ach, ich zittere! meine Kniee brechen; ich hätte nicht Kraft genug, selbst zu gehen. Ach, du machst mich toll, wie du! Ach, elende Dirne, du machst mich unglücklich, wie du! Ich fluche dir, wie du mir fluchst. Mein Gott! wird der Mann noch bei Zeit ankommen? Welche entsetzliche Angst! Ich sehe nichts mehr. Alles ist wirr in meinem Geist. Diese Glocke, für wen tönt sie? Ist es für Gilbert? ist es für Fabiani?

Jane Die Glocke schweigt.

Königin Dann ist der Zug auf dem Richtplatz. Der Mann kann nicht mehr ankommen.

Man hört einen Kanonenschuß.

Jane Himmel!

Königin Er steigt auf das Schaffot.

Zweiter Kanonenschuß.

Er kniet nieder.

Jane Das ist entsetzlich!

Dritter Kanonenschuß.

Beide Ach! . . .

Königin Es lebt nur noch einer. In einem Augenblick wissen wir, welcher. Mein Gott! gib, daß es Fabiani ist, der hereintritt.

Jane Mein Gott! gib, daß es Gilbert ist.

Der Vorhang im Hintergrunde öffnet sich. Simon Renard tritt ein, Gilbert an der Hand.

Jane Gilbert! *Sie fliegen einander in die Arme.*

Königin Und Fabiano?

Simon Renard Tot.

Königin Tot? . . . Tot! Wer wagte . . .?

Simon Renard Ich. Ich habe England und die Königin gerettet.